Inés Hermann
und Shia Su

ZERO WASTE UPCYCLING

Über 40 plastikfreie Projekte nähen, stricken, häkeln und basteln

INHALT

Upcycling richtig gemacht — 5
    Gute Gründe — 6
    Upcycling – aber sinnvoll — 8

Nachhaltig mit Materialien umgehen — 13
    Diese Sachen retten wir! — 14
    #feature
    Kunstfasern und Mikroplastik — 20
    #machsnachhaltig
    Textilien ausschlachten — 22
    Hier wirst du fündig — 24

Putzutensilien in hübsch — 29
    Gehäkeltes Putztuch mit Jutegarn — 30
    Gestrickter Spüllappen — 31
    Genähte Putzlappen statt Küchenrolle — 32
    Spülschwamm — 34
    Gehäkelte Flaschenbürste — 36
    Staubwischhandschuh — 38
    Besen aus Birkenreisig — 40
    Genähtes Bodenwischtuch — 42
    Gehäkeltes Bodenwischtuch mit Noppen — 44
    Kastanien-Waschsäckchen — 46

Nützliches für die Küche — 49
    Wachstücher statt Plastikfolie — 50
    #feature
    Weitere Alternativen zu Frischhaltefolie — 52
    Pflanzenmilchbeutel — 54
    Joghurtbereiter ohne Strom — 56
    Kochkiste und Kochsack – schonendes Garen ohne Energie — 58
    Kaffeefilter aus Baumwolle — 60
    Topflappen aus alten Jeans — 62
    Duftende Topfuntersetzer — 64
    Stoffservietten — 66

Zero-Waste-Einkaufshilfen — 69
    Zero Waste einkaufen ohne Unverpackt-Laden — 70
    #feature
    Das brauchst du für den unverpackten Einkauf — 72
    Hygiene: Was ist erlaubt? Was ist verboten? — 74
    Beutel für Trockenwaren — 76
    Gemüsebeutel aus alten Gardinen — 78
    Spaghetti-Beutel aus einem Ärmel — 80
    Brotbeutel — 82
    Gläsertasche — 84
    Isolier-Einkaufstasche — 88

Zero Waste unterwegs   91
    Plastikfreie Lunchbeutel   92
#feature
    Wie bist du unterwegs?   94
    Bestecktasche und Platzdeckchen   96
    Kaffeeglas-Überzug   98
#feature
    Furoshiki (風呂敷) – mehr als eine Geschenkverpackung   100

Zum Wohlfühlen   103
    Seifensäckchen   104
    Schäumende Badesäckchen   106
    Plastikfreier Duschvorhang   108
    Kosmetik-Pads   110
    Stofftaschentücher   112
    Stoffbinden   114
    Wärmehöschen   116
    Kopfkissen natürlich und vegan gefüllt   118

#machsnachhaltig-Infos   121
    Im Netz   122
    Zum Weiterlesen   122
    Über die Autorinnen   123
    Endnoten   124
    Register   126

UPCYCLING RICHTIG GEMACHT

Die Idee hinter Upcycling ist, oft nutzlose Stoffe aufzuwerten. Richtig gemacht kann Upcycling Ressourcen schonen und damit zum Klimaschutz beitragen. Leider steckt der Teufel wie so oft im Detail. Wann ist Upcycling wirklich sinnvoll? Wann belastet Upcycling sogar Umwelt und Klima? Hilf mit, die Dinge zu ändern – heute ist der beste Tag, damit zu beginnen. Für dich sind es jeden Tag Kleinigkeiten, doch im Lauf der Jahre entstehen so viele große Dinge.

RESSOURCEN UND KLIMA SCHONEN

→ Wenn aus nicht mehr brauchbaren Materialien etwas Neues entsteht, das den Kauf eines neuen Produktes verhindert, schonen wir wertvolle Ressourcen und reduzieren Treibhausemissionen. In diesem Buch konzentrieren wir uns in erster Linie auf Textilien, weil diese sehr schlecht bis gar nicht recycelbar sind, aber dafür sehr gut Zuhause in andere, nützliche Dinge umgewandelt werden können!

MÜLL VERMEIDEN

→ Materialien fürs Upcycling zu verwenden, die sonst im Müll gelandet wären, lässt die Müllberge zumindest langsamer anwachsen. Indem die Materialien ein neues Leben bekommen und länger benutzt werden, landen sie viel später im Müll und haben im Idealfall sogar mehrere Neukäufe ersetzt – die nicht nur Treibhausgase, sondern auch eine Menge Müll verursacht hätten!

SCHADSTOFFE REDUZIEREN

→ Bei der Produktion von Textilien kommt eine ganze Reihe problematischer Chemikalien zum Einsatz, von denen oftmals Rückstände in den Textilien bleiben.[1] Glücklicherweise hat sich das dank des unermüdlichen Einsatzes von NGOs – wie beispielsweise durch die großangelegte „Detox my Fashion"-Kampagne 2011 von Greenpeace – bei vielen großen Herstellern verbessert. Leider ist das kein Grund zum Aufatmen, denn durch Fast Fashion ist die Überproduktion und der Überkonsum von Kleidung zeitgleich gestiegen – und das führt wieder zu mehr freigesetzten Schadstoffen.[2] Nach wie vor ist die Modeindustrie allein für 20 Prozent der weltweiten Wasserverschmutzung verantwortlich.[3]

Das Upcycling von gebrauchten Textilien hat für uns als Nutzer:innen den Vorteil, dass die Schadstoffe schon weitestgehend ausgewaschen wurden. Für die Umwelt hat es den Vorteil, dass der Konsum und damit die Produktion von neuen Textilien reduziert wird, sodass etwas weniger Schadstoffe in die Umwelt getragen werden.

MIKROPLASTIK VERHINDERN

→ Viele Dinge, die wir im Alltag nutzen, sind echte Mikroplastikschleudern (mehr dazu auf S. 20). Mikrofaserlappen, Spülschwämme, Staubwedel, Duschvorhänge oder auch Tampons zu benutzen ist so normal für uns, dass das nie hinterfragen. Wir wollen in diesem Buch mikroplastikfreie Zero-Waste-Alternativen aufzeigen. Damit sie so nachhaltig wie möglich sind, machen wir sie natürlich aus Altmaterialien!

SPASS HABEN

→ Warum nicht das Hobby mit etwas Nützlichem verbinden? Wenn du sowieso schon gerne nähst, häkelst, strickst oder auch mal was baust, weißt du ja, wovon wir sprechen wenn wir sagen, dass das richtig viel Spaß macht! Und die Freude über das echte Unikat danach – hach, schön! Diese Projekte sind übrigens auch super Geschenke: Mit Liebe gemacht, echt praktisch und helfen auch noch beim Klimaschutz!

GELD SPAREN

→ Nachhaltiger zu leben, muss nicht teuer sein! Mit wachsendem Nachhaltigkeitsbewusstsein in der breiten Gesellschaft steigt jedoch auch die Anzahl vermeintlich nachhaltiger Alternativen in den Ladenregalen. Einige davon sind Greenwashing, andere tatsächlich gut, aber teurer als ihre konventionellen Gegenstücke. Warum also nicht einfach selbst machen und richtig viel Geld sparen?

UPCYCLING – ABER SINNVOLL

Es ist immer **nachhaltiger**, Müll in erster Linie zu **vermeiden** als ihn **anfallen** zu lassen und dann zu **verwerten**.

In einem Buch übers sinnvolle Upcycling darf unseres Erachtens der wichtige Hinweis am Anfang nicht fehlen:

Die Idee hinter Upcycling ist, mehr oder weniger nutzlose Stoffe aufzuwerten und ihnen dadurch ein weiteres Leben zu schenken. Das schont Ressourcen, vermeidet Müll und entlastet das Klima, weil stattdessen nichts Neues produziert werden musste, wobei wieder Treibhausgase freigesetzt werden.

Doch leider ist das mit der Nachhaltigkeit beim Upcycling oft gar nicht so einfach …

Die Fallstricke beim Upcycling

Häufig wird unnötigerweise etwas gekauft, nur damit man dann beispielsweise aus der Verpackung ein Upcycling-Projekt basteln kann. Wahrscheinlich haben wir alle schon mal ein Getränk gekauft, nur weil wir die Flasche so schön fanden und sie als Vase oder Kerzenhalter weiterverwenden oder verschönern wollten.

Welche Materialien beim Upcycling zum Einsatz kommen, ist ebenfalls entscheidend für die Nachhaltigkeit. Oft kommen verschiedene, als Einzelstoff recyclebare Materialien zum Einsatz. Das Ergebnis ist nur leider *nicht* mehr recyclebar und muss am Ende der Nutzung über den Restmüll entsorgt werden.

Denn fürs Recycling müssen Materialien so „sortenrein" wie möglich vorliegen und am besten auch lose der Entsorgung zugeführt werden. Je mehr Materialien miteinander verbunden sind, desto schwieriger bis unmöglich ist ein Recycling.

Dazu kommt, dass häufig rein dekorative Dinge gebastelt werden, die – seien wir mal ehrlich – die Welt nicht braucht. Diese Materialien wären sonst in den Wertstoffkreislauf gelangt und wären so zumindest anstelle von neuen Rohstoffen verarbeitet worden.

So geht sinnvolles Upcycling

Bevor wir uns in ein Upcycling-Projekt stürzen, macht es also Sinn, mal genauer hinzuschauen und uns zu fragen:

Kann ich es wirklich gebrauchen?

Nur wenn ich ein Upcycling-Produkt wirklich gebrauchen kann, ist es auch nachhaltig. Idealerweise ersetzt so das Upcycling-Projekt einen Neukauf – und das freut das Klima!

Verlängere ich damit den Lebenszyklus des Materials?

Noch gute Dinge sollten natürlich zuerst aufgebraucht werden, bevor man ihnen mit einer Upcycling-Kur zu einem neuen Leben verhilft. Sonst verkürzt das Upcycling womöglich sogar den Lebenszyklus. Oft reichen schon kleine Reparaturen aus, um einen Gegenstand erst mal weiterzuverwenden.

Entnehme ich dem Wertstoffkreislauf den Wertstoff und kurble womöglich sogar die Produktion an?

Ein Beispiel: PET-Flaschen sind beliebte Upcycling-Grundmaterialien. Nun sind PET-Flaschen aber sehr gut und einfach zu recyceln. Dazu kommt, dass PET ein sehr nachgefragter Kunststoff ist, der nicht nur für Plastikflaschen, sondern auch Folien und Polyester-Textilien eingesetzt wird. Wenn PET-Flaschen für Upcycling-Projekte verwendet werden, sinkt der Anteil an recyceltem PET auf dem Markt und es wird mehr PET aus Erdöl produziert.

Eine kleine Recherche (natürlich über eine nachhaltigere Suchmaschine wie zum Beispiel Ecosia, GOOD oder Qwant) reicht meistens aus, um herauszufinden, ob das gewünschte Material für das nächste Upcycling-Projekt in diese Kategorie fällt.

Verarbeite ich recycelbare Materialien zu etwas nicht mehr Recycelbarem?

Als Faustregel gilt: Je mehr verschiedene Materialien zum Einsatz kommen und je schwieriger sie wieder voneinander zu trennen sind, desto schwieriger bis unmöglich ist das Recycling.

Brauche ich dafür zusätzliche Materialien, die ich womöglich neu kaufen muss?

Je mehr neue Materialien für ein Upcycling-Projekt gekauft werden müssen, desto weniger nachhaltig wird es. Aber oft können auch diese Materialien nachhaltiger aufgetrieben werden. In diesem Buch haben wir nicht nur alle Stoffe, sondern auch fast alle weiteren Materialien wie Garne secondhand gekauft oder verwenden Dinge, die andere Leute aussortiert haben.

Kommen womöglich schadstoffhaltige Stoffe zum Einsatz?

Meistens sind zumindest gebrauchte Textilien viel schadstoffärmer als ihre neuen Gegenstücke, weil sie schon viele Male gewaschen wurden. Anders sieht es bei Klebern, Lacken und Farben aus. Manchmal sind problematische Stoffe aber auch weniger offensichtlich erkennbar, wie zum Beispiel bei Konservendosen. Diese sind innen mit Kunststoff beschichtet, der oft BPA enthält – ein Stoff, der unseren Hormonhaushalt durcheinanderbringen kann. Darin möchte man vielleicht nicht gerade Kräuter für die Küche aufziehen. Eine kleine Recherche vorab kann das verhindern.

Warum ausgerechnet Textilien?

Genau aus diesen Gründen kommen in diesem Buch vorrangig Textilien zum Einsatz. Denn gerade da hakt es bei der Nachhaltigkeit an allen Ecken und Enden. In der EU werden gerade mal 1 Prozent der Altkleider zu neuer Kleidung recycelt.[4] Der Großteil der gesammelten Altkleider wird exportiert, wovon rund 40 Prozent bei ihrer Ankunft in Ländern wie Kenia oder Tansania als Abfall auf Mülldeponien landet, wo sie Mikroplastik absondern oder bei der Verbrennung die Gesundheit der Menschen vor Ort gefährden.[5]

- **Fast Fashion:** Schnell verschleißende Kleidung verbraucht viele Ressourcen und führt zu rasch ansteigenden Bergen an Textilabfällen.
- **Fehlendes Kreislaufbewusstsein**: Recycelbarkeit wird bei Design und Produktion nicht mitgedacht.
- **Schwer bis gar nicht recycelbar**: Bei Textilien kommen oft mehrere Materialien zusammen, die nicht maschinell voneinander getrennt werden können, wie beispielsweise Mischgewebe, Nähte (Garne aus Polyester auf Stoffen aus anderen Materialien), Aufdrucke, Pailletten und vieles mehr.
- **Fehlende Infrastruktur**: Bei Altkleidersammlungen werden Textilien aller Art angenommen. Dabei lässt sich nicht mehr nachvollziehen, was nun aus welchem Material besteht. Da es in Deutschland nicht gesetzlich vorgeschrieben ist, gibt es leider nur wenige Marken, die ihre eigenen Kleidungsstücke zurücknehmen und selbst recyceln, weil ihnen so natürlich die genaue Zusammensetzung bekannt ist.

Das Nachhaltigste ist es natürlich, in erster Linie den eigenen Kleiderschrank so minimal wie möglich zu halten und dabei auf langlebige Stücke zu setzen, damit das Produktionsvolumen nicht weiterhin um 2,7 Prozent jedes Jahr ansteigt.[6] Diese können entweder secondhand gekauft werden oder auch neu, dann aber fair und ökologisch produziert. Das gilt natürlich auch für andere Textilien und Gegenstände.

Wenn dadurch nicht mehr genug anfällt, um Upcycling-Projekte in Angriff zu nehmen, ist das auch gar kein Problem! Auf S. 24 stellen wir vor, wo du überall fündig wirst – ganz ohne Neukäufe!

upcycling – aber sinnvoll ← 11

Menschen in Nakuru in Kenia sammeln in Mitten von giftig brennendem Müll – darunter hauptsächlich Altkleidung aus Plastik – noch Brauchbares. Allein in Kenia landen jährlich 37 Millionen unbrauchbare Kunstfaser-Kleidungsstücke aus europäischen Ländern.[7]

NACHHALTIG MIT MATERIALIEN UMGEHEN

Laut Greenpeace tragen wir knapp 40 Prozent der Kleidung in unserem Schrank kaum bis nie.[8] Das sind eine ganze Menge Ressourcen, die wir einsparen könnten! Dazu kommt, dass kurzlebige, schnell verschleißende Kleidungsstücke inzwischen unsere Garderobe dominieren. Die klima- und umweltfreundlichere Alternative zur Entsorgung verschlissener Textilien? Na klar, upcyceln!

DIESE SACHEN RETTEN WIR!

Auch wenn viele von uns versuchen, es besser zu machen – dominiert leider Fast-Fashion-Kleidung unsere Kleiderschränke. Oft sind diese Stücke schnell verschlissen und landen im Müll oder im besten Fall in Kleiderkammern, Secondhand-Läden oder auf Flohmärkten. Auch wenn sie oft nicht mehr viel Leben als Klamotte in sich haben, können wir sie nutzen, um woanders Ressourcen einzusparen, indem wir sie als Rohstoffe für unsere kreativen und vor allem auch nützlichen Projekte einsetzen!

> Wirklich unrettbar kaputte Textilien sollten direkt im Restmüll entsorgt werden, denn so kommen sie wenigstens auf dem direktesten Weg in die Müllverbrennung. Das spart Emissionen beim Transport ein.

Reißverschlüsse, Knöpfe, Elastikbänder, aufgenähte Taschen, Schnürsenkel

Es lohnt sich immer, Reißverschlüsse, Knöpfe, aufgenähte Taschen (von Hosen) und Elastikbänder (aus Hosenbünden) aus unreparierbar kaputter Kleidung herauszutrennen. Und ausgediente Schnürsenkel sind perfekte Kordeln! Das spart außerdem viel Geld, denn solche Kleinigkeiten für Projekte neu zu kaufen, summiert sich schnell.

Jeans

Jeansstoffe sind sehr robust! Daraus lassen sich sehr gut allerlei Taschen machen (wie auf S. 84) oder Stühle neu beziehen. Eine alte Jeans lässt sich auch noch für Flicken nutzen, wenn der Stoff der neueren Lieblingsjeans zum Beispiel im Schritt

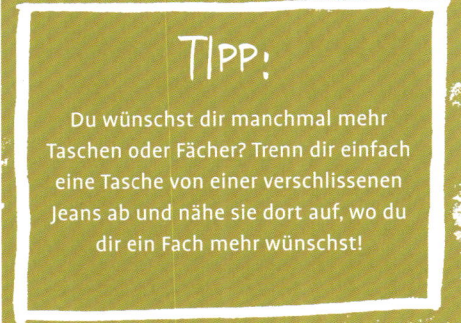

reißt. Aber Achtung: Die meisten Jeans bestehen nicht mehr wie früher aus 100 Prozent Baumwolle, sondern enthalten Kunstfasern wie Elastan oder Polyester. Für Dinge wie beispielsweise Putzlappen, wo der Stoff oft ausgewaschen wird, sind diese Jeansstoffe aus Mischgewebe also nicht geeignet (siehe S. 20).

> **TIPP:**
> Du wünschst dir manchmal mehr Taschen oder Fächer? Trenn dir einfach eine Tasche von einer verschlissenen Jeans ab und nähe sie dort auf, wo du dir ein Fach mehr wünschst!

T-Shirts

T-Shirts sind oft aus 100 Prozent Baumwolle. Der Jerseystoff ist recht weich und etwas elastisch. Aus alten T-Shirts lässt sich in Handumdrehen T-Shirt-Garn machen (S. 22), woraus Bodenwischtücher (S. 44), Körbe oder sogar Badvorleger gehäkelt, gewoben oder geflochten werden können. Alte T-Shirts können auch ganz einfach ohne Nähen zu rechteckigen Staubtüchern geschnitten werden und sind außerdem perfekte Stofftaschentücher für die groben, schnoddrigen Angelegenheiten (S. 112) oder als Baby Wipes geeignet.

Hemden und Blusen

Auch hier lohnt sich der Blick aufs Schildchen, denn gerade Hemden, aber auch viele Blusen bestehen zu 100 Prozent aus biologisch abbaubaren Fasern, meistens Baumwolle, aber auch mal Leinen oder Viskose. Der leichte, meist nicht elastische Stoff eignet sich super für viele Zero-Waste-Produkte wie Beutel für den unverpackten Einkauf (S. 76), Stofftaschentücher (S. 112) oder Servietten (S. 66).

WIE NACHHALTIG IST VISKOSE?

Viskose ist eine halbsynthetische, auf Cellulose basierende Faser, die aus Holz unter Einsatz von Chemikalien hergestellt wird und biologisch abbaubar ist. Sie wird gerne als nachhaltige Faser vermarkt. Wie nachhaltig die jeweilige Viskose aber tatsächlich ist, hängt maßgeblich vom Ursprung des eingesetzten Holzes und vom genauen Herstellungsverfahren ab. Der investigative Report der Changing Markets Foundation hat herausgefunden, dass der Großteil der Viskoseproduktion die Umwelt verschmutzt, Regulierungen missachtet sowie Arbeiter:innen und Anwohner:innen vergiftet werden.[9]
Es ist aber möglich, Viskose deutlich nachhaltiger zu produzieren. Modal, Tencel, Lyocell und Lenpur sind Viskosearten, die nachhaltiger hergestellt werden. Im Hinblick auf die Herstellungsbedingungen ist Viskose also vergleichbar mit Baumwolle: Konventionell hergestellt eine große Umweltbelastung, aber es gibt sie auch als ökologisch und sozial verantwortungsvoll produzierte Faser.

Handschuhe und Socken

Wer kennt es nicht, das Paralleluniversum, in das einzelne Socken oder Handschuhe beim Waschen mysteriöserweise verschwinden? Die Lösung? Entweder verschiedene Socken und Handschuhe tragen (weil: warum nicht?) oder die verwaisten Stücke zu Haargummis schneiden oder zu unserem Staubwischhandschuh verarbeiten (S. 38). Kniestrümpfe können in (Arm-)Stulpen umgewandelt werden. Oder sie bleiben wie sie sind und werden als Staubtücher, Flaschen- oder Tassenüberstülper genutzt.

Gebrauchte Säcke aus Jute, Hanf und Sisal

Die stabilen Säcke werden zum Transport von großen Mengen Kartoffeln, Kaffeebohnen oder Obst verwendet. Sie sind extrem belastbar und langlebig. Du kannst bei örtlichen Höfen oder Mostereien nach schadhaften, unbrauchbaren Jutesäcken fragen. Ebenso können ausgediente Kaffeesäcke verarbeitet werden. Die gibt es oft für kleines Geld, manchmal sogar umsonst in Röstereien. Aus den Fäden kannst du Garn gewinnen (S. 22), das du für Strick- und Häkelarbeiten verwenden kannst – zum Beispiel für Putztücher (S. 30) oder Seifensäckchen (S. 104).

Antike Getreidesäcke aus Leinen

Geh niemals an einen alten Sack achtlos vorbei. Vor allem auf Flohmärkten sind die antiken Getreidesäcke zu finden. Sie sind oft schadhaft, was ihnen jedoch einen ganz besonderen Charme verleiht. Fast immer sind der Name des ehemaligen Besitzers und die Jahreszahl darauf gedruckt. Dies zeigt, dass die Säcke bereits in der Mitte des 19. Jahrhunderts gefertigt wurden. Ein Gebrauchsgegenstand,

Ausgediente Musterbücher

Bei Raumausstattungsgeschäften, Baumärkten oder Möbelhäusern kannst du ausgediente Musterbücher ergattern. Der Klassiker ist das Tapetenbuch, das nach Kollektionswechsel in den Müll wandert. Aus den Tapetenmustern lassen sich Geschenkverpackungen, Briefumschläge oder Etiketten herstellen. Oder Möbeln ein neues Aussehen verleihen und die Schränke auskleiden. Vor allem für hochwertige Möbel- oder Gardinenstoffe gibt es immer Stoffmusterbücher. Halte nach Möbelhäusern Ausschau, wo die Polstermöbel noch nach Kund:innenwunsch bezogen werden. Die Musterstücke sind relativ groß und passen oft sehr gut zu zusammen. Aus dem stabilen Stoff können beispielsweise Topflappen oder Taschen genäht werden.

der nach 150 Jahren immer noch funktionstüchtig ist! Diese unverwüstlichen alten Säcke können zum Beispiel zu Sitzkissen, Vorhängen und Taschen verarbeitet werden. Außerdem sind sie ein hervorragender Bezugsstoff für Möbel.

Bettwäsche

Früher gab es Bettwäsche für die Aussteuer. Entsprechend sorgfältig wurde sie gepflegt und immer sauber gebügelt aufbewahrt. Sie musste ein Leben lang halten – und sie tut es noch darüber hinaus. Auf Flohmärkten, in Sozialkaufhäusern oder bei Haushaltsauflösungen werden große Mengen dieser qualitativ sehr hochwertigen Bettwäsche zu geradezu lächerlichen Kaufpreisen angeboten. Alte oder gar antike Bettwäsche besteht immer aus Baumwolle oder aus einer Leinen-Baumwoll-Mischung. Aus alten Bettlaken kannst du Vorhänge, Kissen, Duschvorhänge (S. 108), Furoshiki-Tücher (S. 100) und vieles mehr nähen. Die Reste lassen sich vielfältig für kleine Nähprojekte verwenden.

Tischwäsche

Tischwäsche in allen denkbaren Designs wird auf Flohmärkten und in Second-Hand-Kaufhäusern billig verkauft. Denn Hand aufs Herz – wer benutzt heute noch ein Tischtuch aus Stoff? Oft sind sie aus hochwertigen Naturmaterialien hergestellt und auf jeden Fall ein brauchbares Stoffstück. Ein Tischtuch ist manchmal mehrere Meter lang und kann es mit der Größe eines Stoffes vom Ballen locker aufnehmen. Ebenso aus der Mode ist ein wichtiger Bestandteil der Tischwäsche gekommen: Die Stoffserviette statt der Einweg-Papierserviette oder dem Wegwerf-Küchenpapier. Dabei sind Stoffservietten (S. 66) echt super! Schadhafte oder fleckige Servietten kannst du noch zu Putzlappen oder Wischtüchern verarbeiteten.

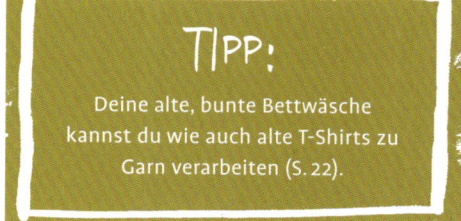

TIPP:
Deine alte, bunte Bettwäsche kannst du wie auch alte T-Shirts zu Garn verarbeiten (S. 22).

Alte Gardinen

Die Tage der klassischen Gardinen sind vorbei. Nach Haushaltsauflösungen landen sie häufig in Gebrauchtwaren-Kaufhäusern. Sie sind schon viele Male gewaschen worden. Ein deutliches Plus für deine Nähprojekte, denn sie sind praktisch schadstofffrei. Aus nur einer dieser Gardinen kannst du Unmengen Gemüsenetze (S. 78), Badesäckchen (S. 106) oder Waschsäckchen (S. 46) herstellen.

Handtücher

Handtücher sind fast immer aus reiner Baumwolle und die ideale Basis für viele Nähprojekte. Ob als Putzlappen (S. 32), Wischtuch (S. 42), Waschlappen, Kosmetikpads (S. 110) bis hin zu Stoffbinden (S. 114) – ausgediente Handtücher sind ein wahrer Schatz! Gut, wir benutzen unsere Handtücher, bis sie „durch" sind. Danach fristen sie noch ein tristes Dasein als Putzlappen. Wesentlich besser erhalten sind Handtücher, die in Hotels oder Krankenhäusern ausgemustert werden. Die Handtücher haben meist „Hotelqualität", sind also weniger dick. Ihr Vorteil: Sie lassen sich besser verarbeiten.

Häkeldeckchen, Überhandtücher und Sofakissen

Über den jeweiligen Zeitgeschmack lässt sich streiten und diese Heimtextilien sind heute als Wohnungsdekoration wenig gefragt. Doch sie wurden alle liebevoll von Hand gearbeitet und können auch zweckentfremdet in viele DIY-Projekte eingebunden werden. Ein altes Häkeldeckchen ist eine super Basis für ein Einkaufsnetz. Alte Korbtücher (Tücher, um Körbe innen auszulegen) und Überhandtücher (Zierhandtücher, die man wie Vorhänge vor Hakenleisten aufhängt) lassen sich auch sehr gut verwenden.

Ausgemusterte Zeltplanen

Planen für Zelte, Jurten und Koten sind aus strapazierfähigem Baumwoll-Canvas gefertigt. Ausgemusterte Planen gibt es bei den Pfadfindern oder in Militär-Shops. Die Auswahl an Farben ist zwar eingeschränkt, doch du kannst besonders stabile Taschen oder auch einen Duschvorhang (S. 108) aus den Planen nähen.

Kerne, Körner und Spelzen

Zugegeben, es braucht etwas Zeit. Obststeine, Trauben- oder Kirschkerne können während der ganzen Saison gesammelt, gereinigt und getrocknet werden. Dafür werden die Kerne mit einer Bürste gesäubert und auf einem Tuch in die Sonne gelegt. Im Winter kannst du dann zur Belohnung ein Wärmekissen (S. 118) damit füllen. Kaufen kannst du Getreidespelzen in Mühlen oder im Landwirtschaftsbedarf. Sie sind ein veganer und gesunder Ersatz für Federfüllungen in Kissen.

Holz und Reisig

Holz ist ein wertvoller, nachwachsender Rohstoff. Selbst kleine Holzteile lassen sich vielfältig neu verwenden. Aus alten Stielen und Reisig lassen sich neue Besen binden (S. 40), aus Kochlöffeln werden Flaschenbürsten (S. 36). Aus alten Kisten entstehen plastikfreie Aufbewahrungsboxen oder eine Kochkiste (S. 58).

#FEATURE

Kunstfasern und Mikroplastik

Textilien aus Kunstfasern sind allgegenwärtig, und inzwischen leider auch die aus ihnen freigesetzten Mikroplastikteilchen in unserer Umwelt.

Was ist Mikroplastik?

Unter Mikroplastik versteht man meist feste Kunststoffteilchen, die kleiner als 5 Millimeter sind. Verbindlich definiert ist der Begriff aber nicht, weder wissenschaftlich noch gesetzlich.

Das führt leider oft zu Greenwashing, da Hersteller eine für ihre Produkte vorteilhafte Definition verwenden können. Wenn also auf einem Label „frei von Mikroplastik" steht, bedeutet das nicht zwangsläufig, dass ein Produkt tatsächlich keine kleinen, festen Kunststoffpartikel enthält.

Das Problem mit Mikroplastik

Mikroplastik findet sich inzwischen fast überall: In allen Gewässern, in unseren Böden und in unserer Nahrungskette. Ja, sogar in Mineralwasser[10], Bier[11] – und Muttermilch[12]!

Das Fatale: Es ist schlichtweg unmöglich, die klitzekleinen Kunststoffpartikel wieder aus der Umwelt zu filtern. Und da Plastik nicht verrottet, sondern immer nur in noch kleinere Teilchen zerfällt, wird das Problem mit der Zeit nur größer und größer.[13]

Primäres und sekundäres Mikroplastik

Primäres Mikroplastik ist Mikroplastik, das gezielt als solches produziert wird, wie zum Beispiel Reibepartikel in Peelings.

Sekundäres Mikroplastik ist Mikroplastik, das bei der Nutzung entsteht. Die größte Mikroplastikquelle ist Reifenabrieb, allen voran von PKWs und LKWs. Die zweitgrößte Quelle ist die Freisetzung bei der Abfallentsorgung.[14] Hier wird deutlich: Wenn wir klimafreundlicher leben – in dem Fall weniger mit dem Auto fahren und Müll vermeiden – reduzieren wir auch sekundäres Mikroplastik.

> **„NOT-SO-FUN" FACT:**
> Eine doch ziemlich überraschende Hauptquelle von Mikroplastik sind übrigens Sport- und Spielplätze!

Kunstfaser-Textilien sind Mikroplastik-Schleudern

Laut Greenpeace wird in 60 Prozent der Kleidung Polyester – also Plastik – verarbeitet.[15] Wenn diese, aber auch andere Kunstfaser-Kleidung beim Waschen Fasern verliert, bestehen diese natürlich auch aus Plastik. Zusammen mit dem Abwasser landen sie in Kläranlagen, wo nicht alles herausgefiltert wird. Dann geht die Reise weiter über unsere Gewässer ins Meer. Nach Angaben des Umweltbundesamt gelangen so pro Waschgang bis zu 2000 Plastikfasern in die Ozeane.[16]

Mikroplastik beim Wäschewaschen belegt zwar nach Untersuchungen des Fraunhofer-Instituts „nur" Platz 10 der größten Mikroplastik-Quellen, aber unter den Top 10 Mikroplastik-Ursachen ist dies neben Reifenabrieb und dem Abfallaufkommen *die* Quelle, die jede:r von uns im Alltag reduzieren kann und nicht auf langwierige Änderungen in Politik und Wirtschaft warten muss. Nicht, dass wir in der Zwischenzeit nicht weiterhin Druck auf die Gesetzgebung und Industrie ausüben sollten – denn natürlich bleibt systemischer Wandel ein absolutes Muss!

Das können wir tun

- Textilien (das gilt auch für Mikrofaser-Putzlappen und Schwammtücher) aus Kunst- und Mischfaser gar nicht erst kaufen.
- Kleidung aus synthetischen Fasern, die du schon hast, so selten wie möglich waschen. Gerade bei Outdoor- und Sportkleidung reicht das gründliche Auslüften an der frischen Luft meist vollkommen. Wenn die Kleidung gewaschen werden muss, dann in einer vollen Trommel. Das verringert die Reibung und Fallhöhe, sodass sich weniger Fasern lösen.[17]
- Wäsche (generell) auf keinen Fall mit handelsüblichem Weichspüler waschen! Der ist nicht nur besonders umweltbelastend, sondern löst auch tendenziell mehr Fasern aus synthetischen Textilien.[18]

> **TIPP:** Wenn es unbedingt Weichspüler sein soll, dann kannst du pro Waschgang 1–3 Teelöffel Citronensäure (je Härtegrad des Wassers) in einer halben Tasse Wasser auflösen und ins Weichspülerfach geben.

→ nachhaltig mit materialien umgehen

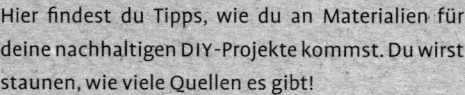

TEXTILIEN AUSSCHLACHTEN

Hier findest du Tipps, wie du an Materialien für deine nachhaltigen DIY-Projekte kommst. Du wirst staunen, wie viele Quellen es gibt!

Garn aus T-Shirts

Vor allem preiswerte T-Shirts sind sehr gut als Garnspender geeignet. Sie sind aus Schlauchware gearbeitet. Das bedeutet, sie haben keine Seitennähte.

- Zuerst wird das Shirt flach hingelegt und mit Stecknadeln fixiert.
- Nun wird der obere Teil unter den Achseln abgeschnitten.
- Auf den Schlauch werden quer Schnittlinien von etwa 2 cm Abstand gezeichnet.
- Von einer Seite aus werden die Streifen geschnitten, dabei nicht ganz durchschneiden, sondern ungefähr 4 cm auf der anderen Seite stehen lassen.
- Die letzten Einschnitte erfolgen schräg, das heißt vom ersten Einschnitt auf der einen Seite zum 2. Einschnitt auf der anderen Seite.
- Übrig bleibt ein Endlosstreifen, der zum Schluss zu einem Knäuel gewickelt wird.

Der übrige, obere Teil des T-Shirts wird nicht weggeworfen. Daraus können noch kleinere Stofftaschentücher (S. 112) oder Baby Wipes geschnitten werden.

Garn aus Bettwäsche

Alte Bettwäsche, egal ob weiß oder bunt, kannst du zu Garn verarbeiten. Hierfür wird ein Bezug oder Laken in etwa 1 cm breite Streifen gerissen. Am Anfang wird der Stoff im Abstand von jeweils etwa 1 cm eingeschnitten, danach lässt sich ein Streifen reißen. Wenn du das Laken immer nur bis 1 cm vor dem Ende durchreißt, dort im Winkel von 90 Grad einschneidest und dann weiter reißt, erhältst du ein Garnknäuel am Stück. Aus den langen, dicken Garnstreifen kannst du beispielsweise einen individuellen Badteppich stricken oder ein Bodenwischtuch mit Noppen (S. 44) häkeln.

Strickwaren aufribbeln

Manchmal ist es nicht einfach, Bio- oder Recycling-Garne in Geschäften vor Ort aufzutreiben. Eine günstige und vor allem sehr nachhaltige Alternative ist es, alte Stricksachen aufzuribbeln!

- Das Garn wird beim Auftrennen auf ein (Schneide-)Brett gewickelt.
- Den Strang mehrmals abbinden und dann vom Brett streifen.
- Der abgebundene Garnstrang kann so sanft von Hand gewaschen werden. Danach hilft ein kurzes Spülbad in Essigwasser, damit sich die Fasern wieder glätten.
- Den Garnstrang an der Leine trocknen lassen. Dabei ein Gewicht anhängen, damit die Kräuselung verschwindet.
- Nach dem Trocknen wird das Garn zu einem Knäuel gewickelt und kann wieder neu verarbeitet werden.

Garn aus Jute-, Hanf- und Sisalsäcken

Aus alten, groben Jutesäcken können die einzelnen Fäden leicht herausgezogen werden. Die möglichst lang herausgezogenen Schnüre werden zusammengeknotet. Das so gewonnene Garn wird zum Beispiel in Putztüchern (S. 30) verarbeitet und verbessert deren Reinigungskraft.

HIER WIRST DU FÜNDIG

Auf Kosten des Klimas neu kaufen kann ja jede:r! Mit unseren Geheimtipps bekommst du die Sachen nachhaltig und sparst auch noch Geld dabei!

Rumfragen

Einfach mal im Familien-, Freundes- oder Bekanntenkreis nachfragen – meistens kommt da schnell erstaunlich viel zusammen. Die meisten Materialien für die Projekte in diesem Buch haben wir genau so gefunden. Wir haben Dachböden und Restbestände von Familienmitgliedern geplündert und sogar alte und kaputte Kleidung in der Nachbarschaft gesammelt. Nicht nur viele Textilien, sondern oft auch Wolle, Strick- und Häkelzubehör sowie Kurzwaren schlummern in den Haushalten.

Flohmärkte

Auf Flohmärkten kann mit etwas Glück von Konvoluten an Kurzwaren bis Tischdecken aus den 1950ern so ziemlich alles gefunden werden, was mit etwas Zuwendung und Liebe zu neuem Leben erweckt werden kann!

Secondhandläden, Kleiderkammern, Sozialkaufhäuser

Da im Gegensatz zu Flohmärkten bereits vorher aussortiert wurde, gibt es vor allem noch gut erhaltene Textilien, die ihren Zweck noch eine Weile erfüllen können, die aber dennoch manchmal kleine Mängel aufweisen oder nicht mehr ganz der aktuellen Mode entsprechen.

Gebraucht über Internet-Plattformen

Es gibt viele Online-Plattformen, wo allerlei direkt von privat an privat verkauft, getauscht oder auch verschenkt werden kann, zum Beispiel Kleinanzeigen, nebenan.de, regionale Verschenke-, Tausch- oder Flohmarkt-Gruppen auf Facebook, Shpock oder Vinted (hauptsächlich Kleidung). Ganz oft gibt es Dinge (fast) geschenkt, die nicht mehr im besten Zustand sind, eine Reparatur benötigen oder Reste zum Basteln. Wenn du auf der Suche nach günstigen Kurzwaren oder Handarbeitszubehör bist: Es gibt oft (fast schon antike) Nähkästen inklusive Inhalt zum Spottpreis oder Konvolute an Strick- und Häkelnadeln.

Kleiderbasare und Kinderbedarfsbörsen

Die ersten Kleiderbasare fanden bereits in den 80er Jahren statt. Zu Beginn standen caritative Gründe im Vordergrund, später kamen ökonomische und ökologische Aspekte hinzu. Besonders beliebt sind Kinderbedarfsbörsen, bei denen gebrauchte Kleidung und Spielsachen getauscht und verkauft werden. Die Kleiderbasare sind sehr gut organisiert, die Erlöse werden meist gespendet.

Kleidertauschparties

Kleidertausch-Events werden von den verschiedensten Seiten organisiert: von privat, Jugendzentren, Bio-/Unverpackt-Läden, Kirchen, autonomen Zentren, Schauspielhäusern, Städten und Gemeinden, Cafés, Co-Working-Spaces und noch vielen mehr. Meistens soll man nur noch gut erhaltene Kleidung mitbringen, aber das ist oft nicht der Fall und es finden sich auch verschlissene Stücke, ganze Stoffbahnen oder auch Tischdecken.

„Zu verschenken"-Boxen am Straßenrand, Sperrmüll

In den „Zu verschenken"-Kartons befinden sich oftmals allerlei sehr brauchbare Gegenstände, die kostenlos mitgenommen werden können. Bei Sperrmüll hingegen ist das nur mit dem Einverständnis des Entsorgers möglich. Unerlaubtes Mitnehmen von Sperrmüll ist Diebstahl und kann zu einer Strafanzeige führen.

Bücherschränke, Tauschregale, Umsonstläden

Bücherschränke sind öffentlich zugängliche Schränke mit Büchern, wo jede:r Bücher zum Verschenken einstellen oder sich bedienen kann. Tauschregale funktionieren genauso, nur dass der Inhalt sich nicht nur auf Bücher beschränkt. In einigen Städten gibt es auch Umsonst-Läden. Denk aber bitte daran, dort innerhalb der eigenen Möglichkeiten auch zu geben und nicht nur zu nehmen.

In Geschäften & Co. nachfragen

Kaffeeröstereien bekommen die Rohkaffeebohnen in großen, sehr stabilen Jutesäcken geliefert und geben sie gerne für kleines Geld oder auch ganz umsonst her. Unverpackt-Läden bekommen meistens mehr Gefäße gespendet als mitgenommen werden. Stoffläden haben oft wilde Stoffreste, die sie nicht mehr verkaufen können. In Schustereien und Wäschereien werden immer auch abgegebene Stücke nicht abgeholt. Dabei gilt: Läden, die nicht zu einer Kette gehören, kommen einem eher entgegen.

Fundbüros

Fundbüros veranstalten Versteigerungen und Verkaufsaktionen für Gegenstände, die nach einer bestimmten Lagerfrist nicht abgeholt wurden.

Bücherei der Dinge

Einige Büchereien, Gemeinden oder auch Kirchen bieten Büchereien der Dinge an, wo unter anderem Nähmaschinen ausgeliehen werden können. Das Prinzip ist einfach: Statt Büchern können allerlei andere Nutzgegenstände kostenlos ausgeliehen werden.

Hausräumungen und Wohnungsauflösungen

Die Auflösung von Haushalten wird in Kleinanzeigen bekannt gegeben. Sie sind immer eine Fundgrube, da oft alle Gegenstände gebrauchstüchtig sind.

Militär-Shops

Diese speziellen Geschäfte bieten gebrauchte Outdoor-Bekleidung, Schuhe, Decken, Campingausrüstung und vieles mehr an. Die Dinge sind meist wenig gebraucht und sehr hochwertig.

Sammeln in der Natur

Am Wegrand finden sich nicht nur viele essbare Pflanzen und Kräuter, sondern eine Vielzahl brauchbarer Materialien. Zum Beispiel kleine Kastanien, Äste, Putzsand, Steine, Zapfen oder Schneckenhäuser. Kerne von Steinobst sind ein wunderbarer Rohstoff zum Befüllen von Kissen.

PUTZ-UTENSILIEN IN HÜBSCH

Handelsübliche Putzutensilien sind echte Mikroplastik-Schleudern! Vom Spülschwamm bis zu Staubwedel oder Einweg-Wischtüchern – es ist gar nicht so leicht, da dem Plastik-Wahn zu entkommen. Nicht zu vergessen, dass es sich dabei oft um Wegwerf-Produkte handelt. Unser selbstgemachtes Putzequipment macht richtig gut sauber, ist ökologisch unbedenklich, kann jahrelang verwendet werden und spart auch noch Geld!

GEHÄKELTES PUTZTUCH MIT JUTEGARN

Handelsübliche Schwammtücher verlieren schnell kleine Schaumstoffstückchen, die als Mikroplastik den Abfluss hinuntergespült werden. Dieser Putzhelfer arbeitet sehr effizient und gibt keine Kunststoffteilchen ab!

Schwierigkeitsgrad: ✿ ✿
Zeitaufwand: ☼ ☼

Material
20 g Baumwollgarnreste in der Stärke 3,5 bis 4,0

10 g Jutegarn (S. 22)

Häkelnadel in der entsprechenden Stärke

Stopfnadel zum Vernähen der Fäden

Für dieses Putztuch im Rippenmuster genügt es, wenn du Grundkenntnisse hast. Das einfache Muster ist schnell gehäkelt und zusammen mit dem Jutegarn wird das Tuch schön „schrubbelig".

- 24 Luftmaschen plus 1 Luftmasche als Randmasche, also 25 Luftmaschen anschlagen.
- 1. Reihe: Randmasche freilassen, in die 2. Masche einstechen und die Reihe mit festen Maschen häkeln. Am Ende der Reihe 1 Luftmasche als Randmasche häkeln
- 2. Reihe: Für das Rippenmuster feste Maschen häkeln, jedoch anstatt in beide Fäden der Maschen der Vorreihe nur durch den hinteren Faden stechen.
- 3.–30. Reihe: Das Muster der 2. Reihe wiederholen. Deine Garnreste und das Jutegarn kannst du nach Belieben einsetzen.

Auch unter dem hygienischen Aspekt liegen die DIY-Tücher vorn. Einer der am meisten mit Keimen belasteten Gegenstände in der Küche ist der Spüllappen, doch gerade dieser soll das Speisegeschirr säubern. Unsere Tücher und Schwämme können bei Bedarf unzählige Male bei mindestens 60 Grad gewaschen werden, damit schädliche Keime abgetötet werden.

DAS MATERIAL FÜR DIESES PUTZTUCH WURDE AUS EINEM AUFGEZOGEN BAUMWOLLPULLOVER UND GARN AUS EINEM JUTESACK GEWONNEN.

GESTRICKTER SPÜLLAPPEN

Die aus gerettetem Baumwollgarn gestrickten Spültücher fühlen sich außerordentlich angenehm an und liegen gut in der Hand. Die Größe kann individuell auf die entsprechenden Bedürfnisse angepasst werden.

Schwierigkeitsgrad: ✿ ✿
Zeitaufwand: ☼ ☼

Material
25 g Baumwollgarnreste in der Stärke 3,5 bis 4,0

2 Stricknadeln in der entsprechenden Stärke

Stopfnadel zum Vernähen der Fäden

Einen solchen Spüllappen kannst du ohne tiefgehende Vorkenntnisse stricken. Das einfache Perlmuster aus versetzten linken und rechten Maschen gibt dem Lappen den richtigen Griff und unterstützt den Reinigungsvorgang.

- 40 Maschen anschlagen.
- **1. Reihe:** Jeweils eine rechte Masche und eine linke Masche im Wechsel stricken
- **2. Reihe:** Immer über einer rechten Masche eine linke Masche stricken. Bis zum Ende der Reihe wiederholen.
- **3.–60. Reihe:** Das Muster der 2. Reihe wiederholen bis zum fertigen Maß.
- Das Putztuch umhäkeln

> Ein gröberes Perlmuster erhältst du, wenn du im Wechsel zwei rechte und zwei linke Maschen strickst. Das Muster wird dann nach jeder 2. Reihe versetzt wiederholt.

→ putzutensilien in hübsch

GENÄHTE PUTZLAPPEN STATT KÜCHENROLLE

Küchenrollen gehören zu den vielen unnützen Dingen, die sich während der letzten Jahrzehnte in die Haushalte eingeschlichen hat. Die Papiertücher landen nach einmaligem Gebrauch im Müll und mit ihnen wertvolle Rohstoffe. Unsere praktischen Küchentücher hingegen sind unzählige Male verwendbar und können bei Bedarf sehr heiß gewaschen werden.

Schwierigkeitsgrad: ✩
Zeitaufwand: ☼

Material
Alte Handtücher
Stoffreste aus Baumwolle, z. B. ein ausgedientes Herrenhemd oder alte Bettwäsche
Schablone 25 × 25 cm
Nähgarn

Zuschnitt
Die übliche Größe eines Handtuches beträgt 50 × 100 cm, daraus lassen sich mit der 25-×-25-cm-Schablone sechs Küchentücher nähen. Am besten geeignet sind bereits mehrmals gewaschene Stoffe, die nicht mehr einlaufen. Falls neue Stoffe verwendet werden, dann müssen diese zuerst gewaschen werden.

- Das Handtuch und den Baumwollstoff mit Hilfe der Schablone jeweils in sechs gleich große Quadrate schneiden.
- Je ein Quadrat der beiden Stoffe auf rechts mit ein paar Stecknadeln fixieren.
- Mit der Nähmaschine drei Seiten der Stoffe zusammennähen. Die vierte Seite bleibt offen, damit die Arbeit gewendet werden kann.
- Dann an den Ecken überstehenden Stoff schräg abschneiden und die Arbeit durch die offene Seite auf rechts drehen.
- Mit Hilfe des Bügeleisens das Quadrat gut ausarbeiten.
- Die Nahtzugabe an der Öffnung nach innen klappen. Damit alles gut hält, helfen ein paar Stecknadeln.
- Jetzt die Öffnung schließen und noch einmal möglichst nahe an der Kante um das Küchentuch herum nähen.
- Optional noch ein paar Steppnähte quer über das Küchentuch nähen. So wird es stabiler und liegt besser in der Hand.

> Alte verschlissene Textilien und Stoffreste können in Quadrate geschnitten unter der Spüle aufgehoben werden. Die können dann auch die „schlimmen Sauereien" aufnehmen und dann weggeworfen werden.

genähte putzlappen statt küchenrolle ←   33

SPÜLSCHWAMM

Für gewöhnlich sind Spülschwämme nicht gerade eine Zierde – sie werden eher versteckt. Unsere Spülschwämme hingegen können sich sehen lassen. Noch mehr Reinigungskraft bieten die praktischen Schwämme, wenn Garn aus einem alten Jutesack mitverarbeitet wird (S. 22).

Schwierigkeitsgrad: ✩
Zeitaufwand: ☼

Material
Baumwollgarn in der Stärke 3,5 bis 4,0
Häkelnadel in der entsprechenden Stärke
1 Stopfnadel

- 20 Luftmaschen plus 1 Luftmasche als Randmasche anschlagen.
- **1. Reihe:** 20 feste Maschen häkeln. Eine Randmasche häkeln.
- **2. Reihe:** 1. Masche auslassen, dann 20 feste Maschen häkeln, dabei nur in das hintere Maschenglied einstechen, in die letzte Masche zweimal einstechen. Eine Randmasche häkeln.
- **3. Reihe:** 20 feste Maschen häkeln, dabei nur in das hintere Maschenglied einstechen, eine Randmasche häkeln.
- **4. Reihe:** 1. Masche auslassen, dann 20 feste Maschen häkeln, dabei nur in das hintere Maschenglied einstechen, in die letzte Masche zweimal einstechen, 1 Randmasche häkeln.
- **5. Reihe:** 20 feste Maschen häkeln, dabei nur in das hintere Maschenglied einstechen, 1 Randmasche häkeln.
- **6. Reihe:** 1. Masche auslassen, dann 20 feste Maschen häkeln, dabei nur in das hintere Maschenglied einstechen, in die letzte Masche zweimal einstechen. Eine Randmasche häkeln Das Muster für insgesamt 40 Reihen wiederholen.
- Bei der **letzten Reihe** jede Masche mit der entsprechenden Masche der ersten Reihe mit einer festen Masche zusammenhäkeln, so dass ein Zylinder entsteht.
- Garn großzügig abschneiden. Das Garnende mit einer Stopfnadel durch die seitlichen Randmaschen stechen.
- Diese anschließend zusammenziehen.
- Beide Seiten durch Zusammenziehen schließen.
- Mit dem Garnende noch 5 bis 7 Luftmaschen für einen Aufhänger häkeln und dann das Garnende vernähen.

> Damit es hygienisch bleibt, den Schwamm nach der Benutzung luftig trocknen lassen – wenn man noch eine Schnur durchfädelt oder anbringt, kann man den Schwamm sogar aufhängen.

GEHÄKELTE FLASCHENBÜRSTE

Diese Flaschenbürste aus Baumwolle reinigt schonend und ohne zu kratzen. Sie erreicht auch bei enghalsigen Trinkflaschen Ecken und Kanten. Der Überzug aus Baumwolle lässt sich bei Bedarf bei bis zu 90 Grad waschen und kommt dann hygienisch sauber wieder zum Einsatz.

Schwierigkeitsgrad: ✿ ✿
Zeitaufwand: ☼ ☼

Material

10 g Baumwollgarnreste in der Stärke 3,0 bis 3,5

Häkelnadel in der entsprechenden Stärke

Bleistift

Stopfnadel zum Vernähen der Fäden

Holzstiel

10 cm Kordel oder 4 cm Gummiband

Sicherheitsnadel

Der Überzug für die Bürste ist im Schlingenmuster gehäkelt. Ein Bleistift hilft, damit die Schlingen gleich groß werden.

- 18 Luftmaschen plus 1 Luftmasche als Randmasche, also 19 Luftmaschen anschlagen.
- **1. Reihe:** 18 feste Maschen und eine Randmasche häkeln.
- **2. Reihe:** Nun beginnt das Muster. Um die Schlinge zu erhalten, wird der Arbeitsfaden von vorn nach hinten um den Bleistift gelegt, dann den Faden mit der Häkelnadel greifen und durch die feste Masche ziehen, einen Umschlag bilden und damit die beiden auf der Nadel liegenden Schlingen zusammen in eine feste Masche häkeln. In die nächste feste Masche der Vorreihe einstechen und bis zum Ende der Reihe arbeiten wie beschrieben. Eine Randmasche häkeln und den Bleistift aus den Schlingen ziehen.
- **3. Reihe:** 18 feste Maschen und eine Randmasche häkeln.
- **4. Reihe:** Ab nun das Schlingenmuster der zweiten Reihe abwechselnd mit den festen Maschen der dritten Reihe häkeln.

- **13. Reihe:** Den Faden der letzten Masche durch die Schlinge ziehen und dann großzügig abschneiden.
- Den Faden mit einer Stopfnadel durch die seitlichen Randmaschen stechen.
- Diese anschließend zusammenziehen.
- Den Anfangsfaden zum Schließen der Naht verwenden und dann vernähen.
- Kordel oder Gummiband mit Hilfe einer Sicherheitsnadel durch die Häkelarbeit ziehen.

TIPP:

Wenn deine Flaschenbürste auch hartnäckige Verschmutzungen reinigen soll, dann verwende Jutegarn (S. 22). Dies kann bis zu 60 Grad gewaschen werden.

gehäkelte flaschenbürste ← 37

STAUBWISCHHANDSCHUH

Glauben wir den Werbeversprechen, dass mit einem Wisch jedes Staubkörnchen mühelos entfernt wird? Ohne großen Zeitaufwand soll die Wohnung staubfrei sein und das gebrauchte Staubtuch aus synthetischen Fasern wandert dann in den Mülleimer! Dieses Staubtuch aus geretteter Baumwolle und einem einzelnen Handschuh kann dagegen jahrelang verwendet werden.

Schwierigkeitsgrad:
Zeitaufwand:

Material
30 g Baumwollgarnreste in der Stärke 3,5 bis 4,0
1 Handschuh
Häkelnadel in der entsprechenden Stärke
Nähnadel mit großem Öhr

- 26 Luftmaschen plus 1 Luftmasche als Randmasche, also 27 Luftmaschen anschlagen.
- **1. Reihe:** Randmasche freilassen, in die 2. Masche einstechen und die Reihe mit festen Maschen häkeln. Am Ende der Reihe 1 Luftmasche als Randmasche häkeln.
- **2 Reihe:** Eine feste Masche, dann 5 Luftmaschen häkeln. In die nächste Masche einstechen und eine feste Masche häkeln. Die Reihe in dieser Weise fortführen. Am Ende der Reihe eine feste Masche und dann eine Luftmasche als Randmasche häkeln.
- **3. Reihe:** Randmasche freilassen, in die 2. Masche einstechen und die Reihe mit festen Maschen häkeln. Am Ende der Reihe 1 Luftmasche als Randmasche häkeln.
- **4. Reihe:** Wie Reihe 2 häkeln.
- **6.–40. Reihe:** Reihe 2 und 3 im Wechsel häkeln.
- Das Häkelstück an den Handschuh nähen und dabei die Fäden vernähen.

TIPP:
Diese Häkeltechnik eignet sich nicht nur für Staubwedel, sondern auch für hilfreiche Bürsten aller Art.

BESEN AUS BIRKENREISIG

Reisigbesen sind altbewährte Helfer bei der Reinigung der Wege rund ums Haus, die auch heute noch beispielsweise bei der Schwäbischen Kehrwoche – ein echtes Kulturgut – eingesetzt werden und im Gegensatz zu Laubsaugern und -bläsern keine Umweltschäden anrichten.

Schwierigkeitsgrad: ✿ ✿
Zeitaufwand: ☼ ☼

Material
Birkenreisig (die ganz dünnen Zweige)

Ca. 150 cm langer, gerader Ast oder ein alter Besenstiel

Dicker Draht oder reißfeste, dicke Schnur

Zange

Scharfes Messer

TIPPS:
- Damit sehr trockene Zweige beim Binden nicht brechen, kannst du sie für ein paar Stunden in Wasser einweichen.
- Dicke Handschuhe erleichtern die Arbeit und schonen die Hände.
- Die Besen sind nicht nur nützliche, praktische Helfer, sondern sehen auch sehr dekorativ aus.

- **Stiel:** Falls ein Ast verwendet wird, eventuelle Seitentriebe mit einem scharfen Messer entfernen. Danach den Stiel auf die richtige Länge schneiden.
- Ein Ende des Stiels anspitzen. So lässt sich der Stiel besser in das Reisigbündel rammen. Falls du noch einen alten Besenstiel hast, dann sollte auch der eine Spitze bekommen.
- Das gesammelte Birkenreisig auf eine einheitliche Länge von ungefähr 50 cm schneiden.
- Dann drei bis vier Zweige zu einem Bündel zusammenfassen und mit Draht zusammenbinden. Hierfür wird der Draht mehrfach um die Zweige gewickelt und die Enden mit der Zange fest ineinander verdreht.
- Je nach gewünschter Dicke des Besens werden auf diese Weise drei bis vier Bündel gebunden.
- Diese Bündel werden nun mit dem Draht zu einem zusammengebunden. Dabei den Draht mehrfach um die Bündel wickeln.
- Besonders stabil sind die Besen, wenn die Enden des Drahtes zu einer Schlaufe geformt werden. Dafür mit dem Schraubenzieher in die Schlaufe stechen und dann ganz fest zudrehen.
- Etwa 10 cm über dem Draht kann optional noch ein zweiter Drahtring angebracht werden. Das macht den Besen noch stabiler.
- Jetzt wird dem Besen noch ein Formschnitt verpasst.
- Danach kann der Besen noch mit dicker Schnur umwickelt werden, das macht ihn schöner und versteckt den Draht.
- Schließlich wird der vorbereitete Besenstil mit Drehbewegungen in die Mitte des Reisigbündels getrieben.

besen aus birkenreisig ← 41

WENN DER WINTER VORBEI IST, WIRD ES ZEIT, FRISCHES BIRKENREISIG FÜR EINEN NEUEN BESEN ZU HOLEN. VIELE BÄUME HABEN IM WINTER DICKE ÄSTE VERLOREN, AN DENEN ICH DAS REISIG ABSCHNEIDEN KANN.

GENÄHTES BODENWISCHTUCH

Waschbare Bodenwischtücher bestehen heute in der Regel aus Mikrofaser oder Vliesstoffen – beides echte Mikroplastik-Schleudern! Mit diesem Bodenwischtuch für einen Standard-Klappwischer mit einer Auflagefläche von 42 × 9 cm bist du plastikfrei unterwegs.

Schwierigkeitsgrad: ✲
Zeitaufwand: ☼

Material
Dicker, rauer Baumwollstoff (z. B. altes Handtuch, Pullover mit angerauter Innenseite aus 100 % Baumwolle)

Zuschnitt
Nahtzugaben bereits enthalten
2x Rechteck 51 × 19 cm, an den vier Ecken jeweils 3 × 3 cm ausgeschnitten (siehe Skizze)
2x Rechteck 8 × 13 cm (z. B. Bündchen vom Pullover-Ärmel)

- Die zwei großen Stoffstücke rechts auf links übereinanderlegen, mit Stecknadeln fixieren und entlang den auf der Skizze 1 rot eingezeichneten Linien mit einem Stepp- oder auch Zickzack-Stich zusammennähen. Beim Sweatshirt-Stoff ist die angeraute Seite später die Unterseite (= die rechte Seite) und die glatte Seite die Oberseite (= die linke Seite). Beim Handtuchstoff ist das egal, da beide Seiten gleich sind.
- Rundum die Nahtzugabe (1 cm) nach oben (nach links) umbügeln und dann den Randumschlag (2 cm) ebenfalls nach oben (nach links) umbügeln.
- Jeweils eine der langen Kante der beiden kleinen Stoffstücke mit einem Zickzack-Stich versäubern. (Nicht nötig, wenn das Bündchen verwendet wird.)
- Die kleinen Stoffstücke jeweils links und rechts an die kurzen Seitenkanten des großen Stoffstücks legen. Dabei zeigt die versäuberte Kante nach innen. (Siehe Skizze 2)
- Den Randumschlag an den kurzen Kanten des großen Stoffstücks drüber falten und knapp absteppen.
- Die Ecken des Randumschlags der langen Kanten nach innen falten (siehe Skizze 3).
- Den Randumschlag der langen Kanten nach innen falten und knapp absteppen.

> **INFO**
> Bodenwischgeräte können in ihrer Größe leicht variieren. Miss am besten die Auflagefläche deines Gerätes aus und passe die Maße entsprechend der ersten Skizze an.

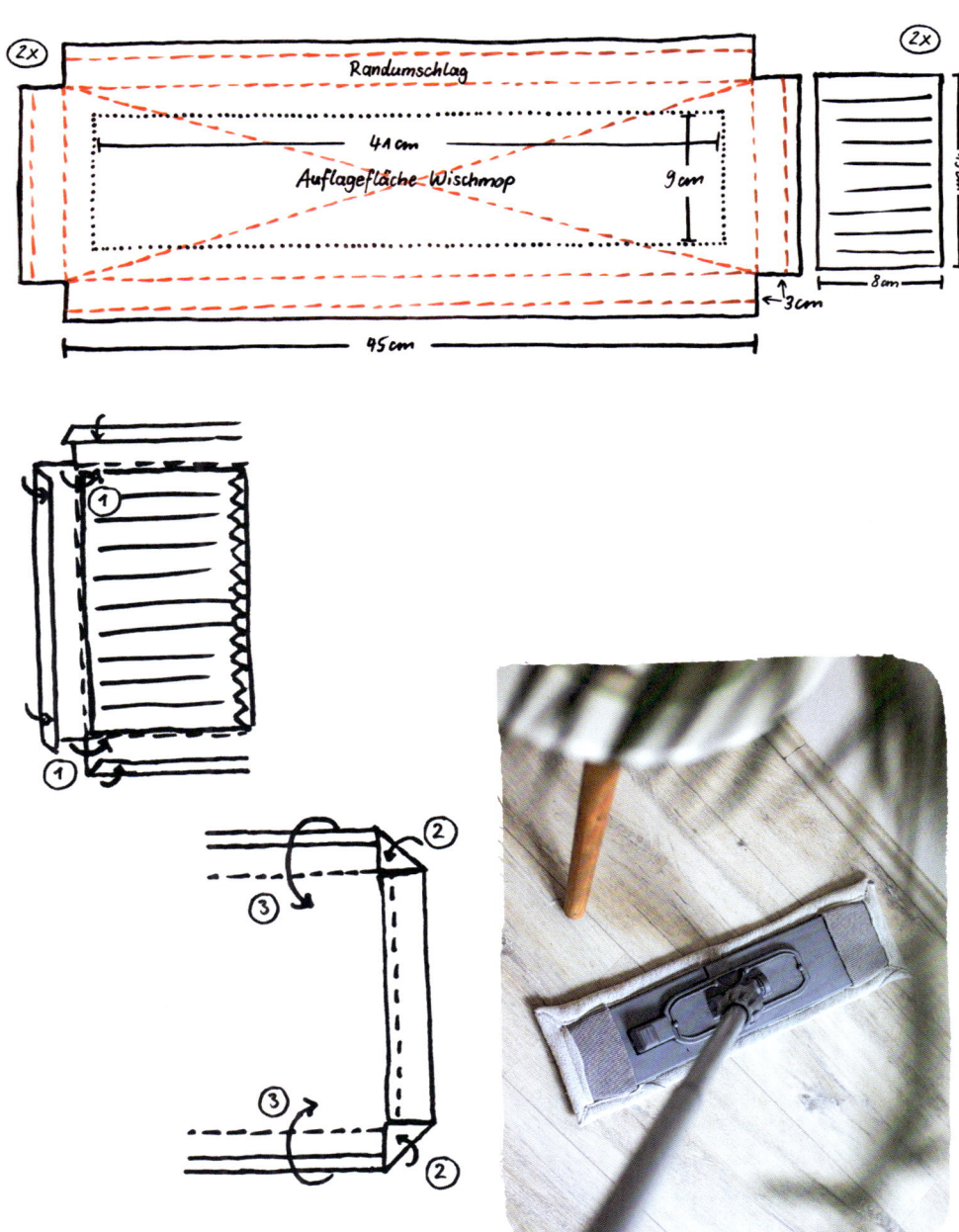

GEHÄKELTES BODENWISCHTUCH MIT NOPPEN

Gekaufte Tücher für Bodenwischgeräte sind als Wegwerf-Produkte konzipiert. Dieser selbstgehäkelte Überzug ist sehr robust und kann bei Bedarf viele Male bei hohen Temperaturen gewaschen werden.

Schwierigkeitsgrad: ✿ ✿
Zeitaufwand: ☼ ☼

Material
100 g T-Shirt-Garn etwa 1 cm breit oder Baumwollgarn in der Stärke 4,0 bis 5,0

Häkelnadel in der entsprechenden Stärke

Nähnadel mit großem Öhr

Das Noppenmuster ist gar nicht schwer und nicht nur für Bodenwischtücher, sondern auch für Putztücher aller Art und sogar Teppiche geeignet.

Noppenmuster

- Eine Noppe besteht aus drei unfertigen Stäbchen. Der letzte Umschlag des Stäbchens wird nicht abgemascht, sondern verbleibt auf der Nadel. Nachdem die Umschläge aller drei Stäbchen auf der Nadel verblieben sind, befinden sich 4 Schlaufen auf der Nadel. Im letzten Arbeitsgang werden alle Maschenglieder zusammen in einem neuen Umschlag abgemascht.
- Die Noppen werden in jeder zweiten Reihe versetzt gehäkelt, daher muss die Arbeit im Wechsel aus einer Reihe Noppen und in der Rückreihe aus festen Maschen bestehen.

Bodenwischtuch

- 19 Luftmaschen plus 1 Luftmasche als Randmasche, also 20 Luftmaschen anschlagen.
- 1. Reihe: Randmasche freilassen, in die 2. Masche einstechen und die Reihe mit festen Maschen häkeln. Am Ende der Reihe 1 Luftmasche als Randmasche häkeln.
- 2.–11. Reihe aus festen Maschen häkeln.
- 2 Reihe: Eine feste Masche, dann mit dem Noppenmuster beginnen. Hierfür werden im Wechsel eine Noppe und eine feste Masche gehäkelt. Am Ende der Reihe 1 Luftmasche als Randmasche häkeln.
- 13. Reihe: Randmasche freilassen, in die 2. Masche einstechen und die Reihe mit festen Maschen häkeln. Am Ende der Reihe 1 Luftmasche als Randmasche häkeln.
- 14. Reihe: zwei feste Maschen, dann wieder die Reihe mit einer Noppe und einer festen Masche fortführen. Die Noppen sind dann versetzt zur 12. Reihe.
- 15.–120. Reihe: das Muster wiederholen.

> Bodenwischgeräte haben leicht unterschiedliche Größen. Daher ist es ratsam, eine Maschenprobe zu fertigen, damit der Überzug perfekt passt.

gehäkeltes bodenwischtuch mit noppen ← 45

- 121.–132. Reihe aus festen Maschen häkeln.
- Die Reihen mit den festen Maschen am Anfang und am Ende des Überzugs umschlagen und seitlich festnähen.
- Die Ränder können jetzt noch mit einem Schlingenmuster (S. 38) umhäkelt werden.

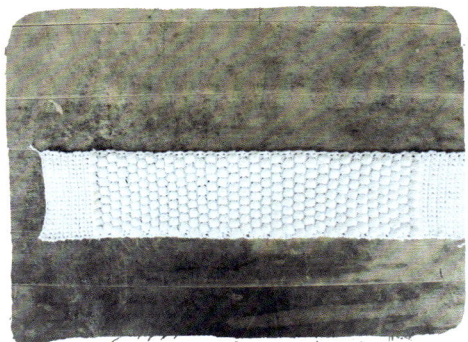

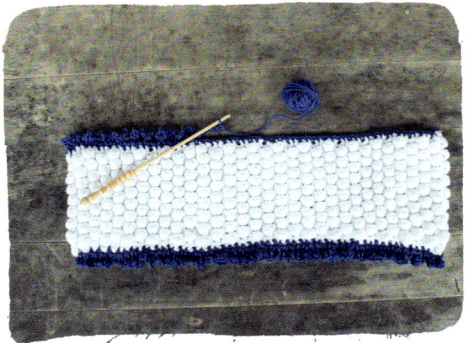

DER ÜBERZUG FÜR DEN BODENWISCHER KANN SOWOHL ZUM TROCKEN- ALS AUCH ZUM NASSWISCHEN VERWENDET WERDEN.

→ putzutensilien in hübsch

KASTANIEN-WASCHSÄCKCHEN

Waschsäckchen waren ursprünglich mit indischen Waschnüssen gefüllt. Der Inhalt ist hier durch grob zerkleinerte Rosskastanien ersetzt worden. Die lange Betriebsdauer von Energiesparprogrammen reicht aus, um die waschaktiven Substanzen aus dieser nicht essbaren Kastanie zu lösen, die für ein gutes Waschergebnis notwendig sind.

Schwierigkeitsgrad: ✿
Zeitaufwand: ☼

Material
Reste von leichten, durchlässigen Baumwollstoffen, z. B. Windelstoffen oder Gardinenreste

Eine passende Kordel z. B. aus Resten von Baumwollgarn

Zuschnitt
Stoffstück 12 × 30 cm
Kordel ca. 12 cm

Säckchen nähen
- Beide Seitenteile säumen und zunähen
- Kordel seitlich annähen

Säckchen befüllen
Die beigefügten duftenden Kräuter wirken antibakteriell sowie keimtötend und können nach den eigenen Vorlieben eingebracht werden. Die Menge ist für 6 bis 7 Säckchen ausreichend.
- 50 g frische oder getrocknete Kastanien zum Beispiel in einer Handkaffeemühle grob zu Schrot zerkleinern.
- 10 g Kräuter z. B. Lavendel, Thymian, Salbei, ebenfalls zerkleinern.
- Die beiden Zutaten mischen, trocknen lassen und dann in die Säckchen füllen

Anwendung
Die Säckchen können zwei bis drei Mal verwendet werden, bevor der Inhalt im Bio-Müll entsorgt wird. Danach können sie wieder neu befüllt werden. So entsteht kein überflüssiger Müll!
- Das Säckchen gut mit der Kordel verschließen
- In die leere Waschtrommel legen
- Wäsche einfüllen
- Eco-Programm starten
- Nach der Wäsche das Säckchen entnehmen und zum Trocknen aufhängen

September bis Ende Oktober ist Kastanienzeit. Sammle auf Vorrat und zerkleinere und trockne die frischen Kastanien. So kannst du das ganze Jahr mit Kastanien waschen!

Eco-Programme erzielen durch eine verlängerte Waschdauer mit weniger Wasser und Energie eine sehr gute Waschwirkung und machen so den Einsatz von Kastanienschrot in Stoffsäckchen möglich.

kastanien-waschsäckchen ← 47

NÜTZLICHES FÜR DIE KÜCHE

Viele Wegwerf-Produkte in der Küche sind überflüssig und sehr einfach auszutauschen. Hier stellen wir euch unsere Lieblinge vor, die nicht nur Müll, sondern auch Strom einsparen. Wir erfinden keinesfalls das Rad neu! Wie bei allem in diesem Buch ist uns die Vergangenheit eine große Inspiration. Vor nur zwei, drei Generationen haben alle „Zero Waste" und „ressourcenschonend" gelebt! Nur, dass man das damals einfach nur „normal" nannte …

WACHSTÜCHER STATT PLASTIKFOLIE

Der Einsatz von Wachstüchern macht Plastikfolien überflüssig. Damit können angeschnittene Lebensmittel eingepackt, Schüsseln abgedeckt und Vesperbrote eingewickelt werden.

Schwierigkeitsgrad: ✿ ✿
Zeitaufwand: ☼ ☼

Material
10 g Fichtenharz (verbindet die Wachsschicht besser mit dem Stoff)

100 g Bio-Bienenwachs, alternativ veganes Bio-Carnaubawachs

1 altes Handtuch

2 Bögen Butterbrotpapier

10 g Bio-Sonnenblumenöl

Leichter Baumwoll- oder Leinenstoff, z. B. Geschirrtücher, Hemden oder Bettwäsche

Teigrolle

Zuschnitt
Stoffstück 35 × 45 cm für ein Tischset

Stoffstück 25 × 25 cm für z. B. Brot

Die Größe kann aber selbstverständlich nach Belieben angepasst werden.

Wachstücher eignen sich ideal als Auskleidung für unsere plastikfreien Lunchbeutel (S. 92), in denen feuchte Dinge transportiert werden können. Ebenso sind sie die perfekte Oberseite für Tischsets, die mit einem Wisch wieder sauber werden.

- Fichtenharz und Bienenwachs bzw. Carnaubawachs in einem Glas im Wasserbad schmelzen.
- Den Arbeitsplatz vorbereiten, während die Wachsmischung auf dem Herd steht. Dafür ein altes Handtuch auf die Arbeitsfläche und darüber ein entsprechend großes Stück Butterbrotpapier legen.

- Wachsmischung vom Herd nehmen und Sonnenblumenöl einrühren.
- Den Backofen auf 80–90 °C vorheizen.
- Das Stoffstück auf das Butterbrotpapier legen. Auf dieses die flüssige Wachsmischung mit Hilfe eines breiten Pinsels zügig auftragen.

wachstücher statt plastikfolie ← 51

Das gründliche Auswaschen vor der Verarbeitung kannst du dir bei gebrauchten Textilien sparen.

◌ Das Butterbrotpapier mit dem eingepinselten Stoffstück auf ein Backblech legen und in den vorgeheizten Backofen schieben. Schon nach ein paar Minuten sollte die Wachsmischung gut ins Gewebe eingedrungen sein und sich optimal verteilt haben.

◌ Dann das Stoffstück mit dem Papier auf das alte Handtuch legen und ein zweites Stück Butterbrotpapier oder Dauerbackmatte darüberlegen. Sofort mit der Teigrolle mit viel Druck darüber rollen, sodass sich die Wachsmischung noch besser verteilt.

WICHTIGE HINWEISE

- Verwende kein Kerzenwachs, da darin Verunreinigungen oder Zusatzstoffe enthalten sein können.
- Verwende nur Bio-Wachse und Öle, da diese auf Pestizidrückstände überprüft wurde.
- Frische deine Wachstücher regelmäßig auf. Leg sie für einige Minuten bei 90 °C in den Backofen, das desinfiziert und glättet die Tücher.
- Wachstücher eignen sich nicht zum Einschlagen von fettreichen oder tierischen Lebensmitteln sowie heißen Speisen.

Anwendung
Die Wärme der Hände reicht aus, um eine Schüssel passgenau zu verschließen oder ein Brot gut einzuschlagen. Die Wachstücher eignen sich nicht für rohe, tierische Lebensmittel.

Reinigung
Die Wachstücher werden mit warmem Wasser bis 60 Grad und etwas milder Seife sanft gereinigt. Das Tuch nach der Reinigung trockentupfen und eventuell aufhängen.

#FEATURE

Weitere Alternativen zu Frischhaltefolie

Wachstücher sind nicht die einzige Alternative zur Frischhaltefolie. Hier haben wir für euch noch mehr Ideen zusammengetragen. Alle sind selbstverständlich von uns erprobt!

Zum Frischhalten in Wasser stellen
Kräuter, aber auch Grünkohl, Frühlingszwiebeln, Lauch, Möhren, Salatköpfe und sogar Rhabarber können mit etwas Wasser weiter am Leben erhalten werden. Frühlingszwiebeln, Lauch und Möhren haben noch Wurzeln (beziehungsweise sind Wurzeln) und können dann sogar weiterwachsen – und wenn du willst, auch wieder in Erde gepflanzt werden. Salatköpfe treiben oft neue Wurzeln aus und können ebenfalls wieder eingepflanzt und immer wieder abgeerntet werden.
Bei Kräutern und Grünkohl verhält es eher wie bei Schnittblumen: Sie leben noch rund eine Woche weiter und wachsen manchmal sogar noch, sterben aber in der Regel danach ab.

SO GEHT'S:

Kräuter oder Gemüse einfach in ein Glas oder eine Vase mit frischem Wasser stellen und alle ein bis zwei Tage das Wasser wechseln. Beim Salatkopf sollte es eine große Schüssel sein. Bei Kräutern und Grünkohl vorher die Stiele mit einem scharfen Messer etwas kürzen.

In ein feuchtes Tuch einwickeln

Lose Blattsalate oder -gemüse wie Feldsalat oder Spinat sieht oft schnell traurig aus. In der Regel reicht es aus, sie in der Gemüseschublade im Kühlschrank aufzubewahren, denn sie ist dafür ausgelegt, das Gemüse feucht zu halten. Die Frischhaltung kann noch ein bisschen verlängert werden, indem du das Grünzeug in ein feuchtes (Geschirr-) Tuch einschlägst.

Schlappes Blattgemüse wiederbeleben

Schlappem Blattgemüse fehlt oft nur etwas Wasser. Du kannst es für eine Stunde in eine Schüssel mit Wasser legen. Alternativ kannst du es waschen, schneiden und noch feucht in ein offenes Einmachglas geben und für einige Stunden in den Kühlschrank stellen. Das Blattgemüse kann so wieder richtig knackig werden.

Mit Schnittkante nach unten auf einen Teller legen

Frischhaltefolie oder auch Wachstücher werden oft benutzt, um angeschnittene Kanten von Obst und Gemüse abzudecken und so vor dem Austrocknen zu schützen. Stattdessen kann dieses auch mit der Schnittkante nach unten auf einen Teller gelegt werden. Und ab damit in den Kühlschrank!

Abdecken mit Schüsseln, Glashauben oder Tellern

Statt eine Schicht Frischhaltefolie über den Nudelsalat oder den Kuchenteller zu spannen, kannst du auch einfach Schüsseln, Glashauben oder Teller zum Abdecken benutzen. Wir füllen Reste in Einmachgläser um, denn die sind plastikfrei und sparen viel Platz im Kühlschrank.

Mitnehmen in Dosen oder Lunchbeuteln

Statt Brot oder Snacks in Frischhaltefolie (oder Alufolie) eingewickelt mitzunehmen, kannst du auch Dosen oder unsere praktischen, plastikfreien Lunchbeutel (S. 92) verwenden. Oder du greifst dir ein Geschirrtuch oder eine größere Stoffserviette (S. 66) und verwendest eine Furoshiki-Technik (S. 100)!

PFLANZENMILCHBEUTEL

Mit diesem plastikfreien Pflanzenmilchbeutel kannst du vegane Milch selbst herstellen und gleichzeitig Verpackungsmüll und Geld sparen. Deine Pflanzenmilch ist so garantiert frei von Zusatzstoffen.

Schwierigkeitsgrad: ✫
Zeitaufwand: ☼

Material
2 Stoffstücke jeweils 30 × 25 cm aus weitmaschig gewebtem Tuch wie Nesselstoff, Tüll, Käseleinen oder Mull

70 cm Kordel für das Zugband

Sicherheitsnadel

Für die Herstellung von Pflanzenmilch kommt ein Passierbeutel zum Einsatz. Dieser kann aus Stoffresten ohne viel Aufwand genäht werden. Kaufprodukte sind oft aus Kunstfaser gefertigt – unserer ist plastikfrei.

Der Schnitt des Beutels ist so gewählt, dass er sich gut an die Form des Gefäßes anpasst, ohne Falten zu werfen, in denen sich Getreide- oder Nussreste sammeln können. Die Nähte liegen außen, damit sich auch dort keine Reste sammeln.

- Die beiden Stoffstücke nach der Schemazeichnung zuschneiden.
- Die Oberkanten mit einem Zickzack-Stich einsäumen. Dann gut 1 cm umschlagen und festnähen.
- Beide Stoffstücke rechts zusammennähen, die Öffnungen für den Tunnelzug aussparen.
- Die Nähte mit einem Zickzack-Stich einsäumen.
- Die Kordel mit Hilfe einer Sicherheitsnadel einziehen.
- Mit der praktischen Doppelkordel lässt sich der Beutel gut und gleichmäßig schließen, am Gefäß befestigen oder zum Trocknen aufhängen.

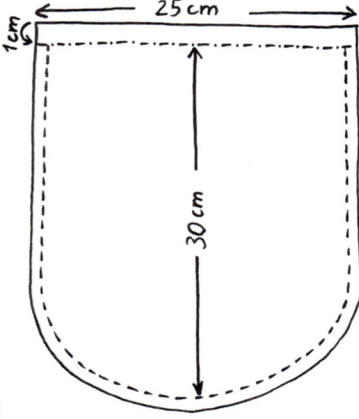

REZEPT FÜR MANDELMILCH

- 200 g geschälte Mandeln über Nacht in reichlich Wasser einweichen.
- Wasser abgießen und die Mandeln im Mixer fein mahlen.
- Die gemahlenen Mandeln mit ungefähr 750 g Wasser aufgießen und nochmals gut durchmixen.
- Optional 1 Esslöffel Agavendicksaft oder Ahornsirup hinzufügen.
- Den Passierbeutel über eine Schüssel ausbreiten und am Rand befestigen.
- Den Inhalt des Mixers über den Beutel in die Schüssel schütten.
- Die Mischung durch den Pflanzenmilchbeutel abtropfen lassen und gut ausdrücken.
- Die Rückstände im Beutel sind kein Müll, sondern können das Müsli oder den Kuchenteig veredeln!

JOGHURTBEREITER OHNE STROM

Selbst gemachter Joghurt aus selbst gemachter Pflanzenmilch (S. 55) ist verpackungsfrei, preiswert und gesund.

Schwierigkeitsgrad: ✿ ✿
Zeitaufwand: ☼ ☼

Material
Einen dickeren Stoffrest für die Hülle, z. B. Jeansstoff

Einen ebenso großen, dünneren Stoffrest für das Futter

Getreidekörner oder kleine Kerne

1-l-Schraubglas oder -Einmachglas

Zuschnitt
Den dicken Stoffrest so zuschneiden, dass das Glas für den Joghurtansatz hineinpasst

Den dünnen Stoff ebenso zuschneiden

10 Teile Milch, am besten selbstgemachte Pflanzenmilch (S. 55)

1 Teil Naturjoghurt oder Joghurtkulturen

- Die Stoffe auf rechts zusammenlegen und mit Stecknadeln fixieren.
- Die Stoffe an den kurzen Seiten und an einer der beiden langen Seiten zusammennähen.
- Die Stoffe über die offene Seite wenden, so dass die Nähte innen liegen.
- Den doppelten Stoff einmal über die lange Seite falten, so dass der dicke Stoff innen liegt.
- Die untere Kante (halbe lange Seite) und die seitliche Kante zunähen.
- Das Säckchen wenden, so dass der dicke Stoff außen ist.
- Die Körner zwischen dickem und dünnem Stoff einfüllen.
- Die Kanten der oberen Öffnung nach innen falten und zunähen.

Die Zubereitung des Joghurts

Ebenso einfach wie Joghurt aus tierischer Milch lässt sich Joghurt aus pflanzlicher Milch herstellen. Das funktioniert sehr gut mit Sojamilch und Nussmilchsorten inklusive Mandel- und Kokosmilch.

- Milch auf 50 °C erwärmen.
- Naturjoghurt oder Starterkulturen einrühren.
- Das Körnersäckchen erwärmen.
- Das Glas gut verschließen und in das warme Körnersäckchen packen.
- Entweder auf die Heizung oder den Kachelofen stellen, alternativ in eine Thermotasche packen.
- Über Nacht darin ruhen lassen und am nächsten Tag den Joghurt genießen.

joghurtbereiter ohne strom ← 57

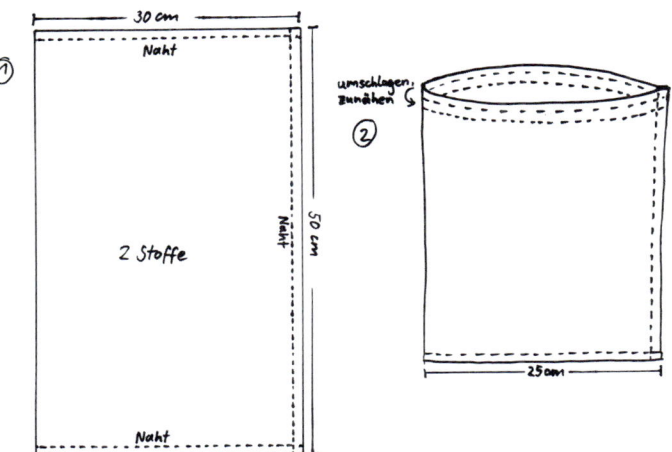

INÉS' #STORYTIME

Seit einer Hobbythek-Sendung (eine wissenschaftliche Hobby-Sendung von 1974 bis 2004) im Jahr 1981 bereite ich Joghurt selbst zu. In den folgenden Jahren konnte ich in meinem Sieben-Personen-Haushalt Unmengen Verpackungsmüll einsparen. Hätte ich stattdessen Fertigprodukte gekauft, hätte ich für ihre Lagerung einen weiteren Kühlschrank benötigt. Meine Oma hatte Joghurt, Sauermilch und Frischkäse in einer selbst gebastelten Kochkiste (S. 58) hergestellt. Nun habe ich meinen elektrischen Joghurtbereiter wieder durch einen selbst gefertigten ausgetauscht.

→ nützliches für die küche

KOCHKISTE UND KOCHSACK – SCHONENDES GAREN OHNE ENERGIE

Das Prinzip der Kochkisten reicht bis in die prähistorische Zeit zurück. In Notzeiten nach und während der letzten Weltkriege erleichterte sie die Haushaltsführung, da Speisen mit minimaler Energiezufuhr gekocht werden konnten. Heute wird die Kochkiste als ökologische und ökonomische Methode der Essenszubereitung wiederentdeckt.
Bei der Kochkiste handelt es sich um ein wärmedämmend ausgekleidetes Behältnis, in das ein Topf mit der erhitzten Speise eingestellt werden kann. Diese gart dann ohne weitere Energiezufuhr über einen Zeitraum von mehreren Stunden fertig. Die langsame Garung ist zudem besonders schonend für die Lebensmittel.

Schwierigkeitsgrad: ✩ ✩
Zeitaufwand: ☼ ☼

Material Kochkiste
Wein-, Obst-, Verpackungskiste mit Deckel, die rundum mindestens 5 cm größer als der verwendete Topf ist.

Holzspäne, Spelzen, Wollflocken, Heu oder ausgediente Bettdecken und Kissen als Dämmmaterial.

Material Kochsack für Kochtopf mit Durchmesser 20 cm
Zwei große Stoffstücke aus fester Baumwolle oder Leinen (je 80 × 80 cm)

Vier kleine Stoffstücke für Boden- und Deckelkissen (je 20 × 20 cm)

Ungefähr 1 m Zugband

Spelzen für die Füllung

- Das Dämmmaterial in geeignete Stoffbehälter füllen (z. B. Kissen S. 118).
- Die Kiste rundum und am Boden mit den gefüllten Kissen oder Bettdecken auslegen.

- Aus den kleinen Stoffstücken insgesamt vier Kreise mit Durchmesser 20 cm ausschneiden
- Je zwei der Kreise auf rechts zusammennähen, dabei etwa 5 cm Wendeöffnung lassen
- Die Arbeit durch die Öffnung wenden.
- Die Kissen nicht zu prall mit Spelzen füllen, denn auf dem Bodenkissen muss der Topf stehen können.
- Anschließend den Stoff am offenen Stück nach innen klappen, mit Stecknadeln fixieren und das Kissen noch einmal rundherum zunähen.
- Aus dem festen Stoff zwei Kreise mit Durchmesser 80 cm ausschneiden und aufeinanderlegen.
- In der Größe der kleinen Kissen mittig auf dem großen Stoffkreis einen kleinen Kreis mit Nadeln abstecken und abnähen.
- Den großen Kreis mit insgesamt vier Linien durch die Mitte in acht Teile aufteilen.
- An diesen Linien die beiden Stoffkreise zusammennähen, so dass acht Kammern entstehen
- Die Kammern nicht zu prall mit Spelzen befüllen, mit Nadeln feststecken und etwa 10 cm vom Rand entfernt zunähen.

kochkiste und kochsack – schonendes garen ohne energie

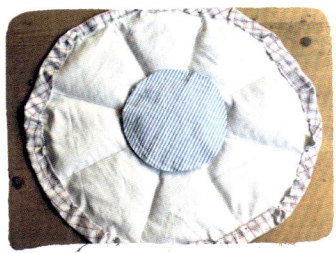

Diese Kochkiste ist ein altes Butterfass, welches mit einem Kochsack und alten Kissen kombiniert wurde!

- An einer Stelle den Stoff 3–4 cm einschneiden.
- Den Stoff etwa 5 cm vom Rand entfernt umklappen, feststecken und als Tunnelzug zunähen.
- Zugband durch den Einschnitt in den Tunnelzug einziehen.
- Bodenkissen in den Kochsack legen
- Geschlossenen Kochtopf mit heißem Inhalt in den Kochsack stellen
- Deckelkissen auf Kochtopf legen
- Kochsack mit Zugband so fest wie möglich zuziehen
- Optional in Kombination mit Kochkiste: Kochsack in Kochkiste stellen, Lücken mit Dämmmaterial füllen, Kiste verschließen

REZEPT FÜR REIS AUS DER KOCHKISTE

Vor allem Reis lässt sich perfekt in der Kochkiste garen. Der Aufwand ist minimal, nichts brennt an und nichts läuft über.

- 1 Tasse Reis auf 2 Tassen Wasser in den Topf geben. Der Topf sollte mindestens zu zwei Dritteln gefüllt sein, um ein schnelles Abkühlen zu vermeiden.
- Den Inhalt des Topfes auf dem Herd zum Kochen bringen.
- Den Deckel schließen und ungefähr eine Minute kochen lassen.
- Den Kochtopf sofort in die Kochkiste stellen und verschließen.
- Nach etwa einer Stunde ist der Reis weich. Warm bleibt er noch für mehrere Stunden!

→ nützliches für die küche

KAFFEEFILTER AUS BAUMWOLLE

Laut dem Kaffee-Experten James Hoffmann lassen Baumwollfilter für Kaffee – anders als Papierfilter – die aromatischen Öle aus dem Kaffee durch und sorgen so für einen vollmundigeren Kaffee. Aber Achtung: Baumwollfilter müssen richtig gepflegt werden, um ihr volles Potenzial zu entfalten!

Schwierigkeitsgrad:
Zeitaufwand:

Material
Ein für deinen Kaffeebereiter passender Papierfilter für das Schnittmuster
Dünner, nicht elastischer Stoff aus 100 % Baumwolle (z. B. von einem Hemd)
Für die Variante mit Schnur (passend für die Chemex oder ähnliche Kaffeekaraffen, damit der Stofffilter nicht in die Karaffe rutscht) noch ca. 45 cm Jute- oder Baumwollschnur

Zuschnitt
Die zusammengeklebten Ränder des Papierfilters abschneiden. Den Papierfilter auseinanderfalten und als Schnittmuster verwenden, dabei rundum 1 cm Nahtzugabe geben.
Sonderfall: Chemex-Filter sind anders geformt (sie formen ausgeklappt einen Kreis). Dafür den einmal in der Mitte gefalteten Filter (in Form eines Halbkreises) als Schnittmuster verwenden.

Nähen

- Die Nahtzugabe an der runden Kante nach links umbügeln und mit einem Zickzack-Stich absteppen. Für die Variante mit Schnur *vorher* an den beiden Seiten der Rundkante einmal mit der Schere einschneiden und die Nahtzugabe nach innen umklappen und dann erst absteppen.
- Stoff mittig rechts auf rechts falten und mit einer Naht von 1 cm erst mit einem Steppstich absteppen und dann die Kante mit einem Zickzack-Stich versäubern.

Anwendung und Reinigung

Eine (Zero Waste) Abwandlung der Methode des Kaffee-Experten James Hoffmann.
Eine gute Reinigungsroutine ist bei diesem Filter besonders wichtig, denn sonst schmeckt der Kaffee schnell muffig. Und wer will schon so den Tag beginnen?

- Vor jeder Anwendung den Filter einmal mit kochendem Wasser ausspülen, bevor ihr euren gemahlenen Kaffee einfüllt.
- Direkt nach dem gewohnten Aufguss den Kaffeesatz ausleeren.
- Den Filter im Anschluss auf links drehen und links mit Wasser abspülen, um den restlichen Kaffeesatz möglichst gründlich zu entfernen. Kleinere Kaffeepartikel, die im Stoff verbleiben, sind unproblematisch.
- Der Filter sollte in einem Glas mit frischem Wasser im Kühlschrank *nass* gelagert werden, denn beim Trocknen ist der Filter zeitweise feucht (statt nass), und das lieben Bakterien und Pilze. Dies ist die beste Methode, wenn ihr fast *täglich* Kaffee damit zubereitet.

kaffeefilter aus baumwolle ← 61

WEITERE ENERGIESPARENDE ZERO WASTE KAFFEEFILTER-ALTERNATIVEN

- French Press
- Einwandiger Edelstahl-Dauerfilter (doppelwandige verstopfen mit der Zeit)
- Vietnamesischer Phin-Filter
- Herdkännchen (bitte nicht auf eine zu große Herdplatte stellen!)

◠ Falls ihr eher *selten* Kaffee trinkt, könnt ihr den gut ausgewaschenen, nassen Filter in einem Schraubverschlussglas im Gefrierfach lagern.

◠ Immer, wenn euch der Filter zu dreckig erscheint, eine Tiefenreinigung durchführen. Dazu 1 Teelöffel Natron und ½ Teelöffel Citronensäure in eine Tasse geben und mit heißem Wasser auffüllen. Den Filter darin über Nacht einweichen und danach gründlich mit Wasser ausspülen.

WICHTIG:

Die abgesteppten Kanten *außen* sind beabsichtigt. Denn innen – also dort, wo der gemahlene Kaffee hineinkommt – sollten es möglichst wenig Falten geben, um die Reinigung nicht unnötig zu erschweren.

VOR DER ALLERERSTEN ANWENDUNG RUND 5 MINUTEN ABKOCHEN, UM WASCHMITTELRESTE ODER ANDERE RÜCKSTÄNDE AUS DEM STOFF ZU ENTFERNEN.

TOPFLAPPEN AUS ALTEN JEANS

Topflappen gehören zu den Dingen, die nie gekauft werden müssen. Wohl für kaum einen Küchenhelfer gibt es so viele Inspirationen und Anleitungen. Ob genäht, gehäkelt, gewebt oder gestrickt – sie sind auch für Anfänger:innen leicht herzustellen.

Schwierigkeitsgrad: ✿
Zeitaufwand: ☼ ☼

Material
2 Stoffreste 25 × 25 cm aus einer alten Jeans
2 Stoffreste 25 × 25 cm aus Baumwolle oder Leinen
100 cm Band oder Borte
Aufhänger aus der übrigen Jeansnaht
2 Knöpfe

Für dieses Nähprojekt wurden eine alte Jeans und ein Stück Leinen aus einem ausgedienten Musterbuch gewählt. Beide Stoffe sind so dick und stabil, dass die Topflappen nicht gefüttert werden müssen.

- 2 gleichgroße Stoffstücke in der gewünschten Größe aus der Jeans zuschneiden.
- 2 gleichgroße Stoffstücke aus dem Leinen- oder Baumwollstoff zuschneiden.
- Die unterschiedlichen Stoffstücke auf links aufeinander legen und mit ein paar Stecknadeln fixieren.
- Mit der Nähmaschine alle 4 Seiten zunähen.
- Mit einem Band oder einer Borte einsäumen.
- Aufhänger zusammen mit dem Knopf anbringen.

topflappen aus alten jeans

DUFTENDE TOPFUNTERSETZER

Der Untersetzer schützt nicht nur die Tischoberfläche vor der Hitze, sondern verströmt auch einen appetitlichen Geruch, wenn der warme Boden des Topfes daraufgestellt wird.

Schwierigkeitsgrad: ✦
Zeitaufwand: ☼

Material
Größe kann nach Belieben gewählt werden,
z. B. 25 × 25 cm für einen mittelgroßen Topf.

Ausreichend große Stoffreste aus Baumwolle oder Leinen

Borten oder Spitzen

Eine Handvoll getrocknete, fein geschnittene Kräuter

Optional einige kleingeschnittene, getrocknete Schalen von Zitrusfrüchten

Beim Kontakt mit dem warmen Topf strömen die ätherischen Öle der Kräuter aus und verbreiten einen feinen Duft. Für herzhafte Gerichte eignet sich zum Beispiel ein Untersetzer, der mit Rosmarin, Thymian, Zitronenschalen und Lorbeer gefüllt ist.

- 2 gleichgroße Stoffstücke in der gewünschten Größe zuschneiden.
- Die beiden Stoffe auf rechts mit ein paar Stecknadeln fixieren.
- Mit der Nähmaschine drei Seiten der Stoffe zusammennähen. Die 4. Seite bleibt offen, damit die Arbeit gewendet werden kann.
- Dann überstehenden Stoff an den Ecken schräg abschneiden und die Arbeit durch die offene Seite auf rechts wenden.
- Die Ecken mit Hilfe des Bügeleisens gut ausarbeiten.
- Die Nahtzugabe an der Öffnung nach innen klappen und mit ein paar Stecknadeln fixieren.
- Nun werden die getrockneten Kräuter und Schalen eingefüllt.
- Jetzt die Öffnung schließen und noch einmal möglichst nahe an der Kante um den Untersetzer herumnähen.
- Noch ein paar Steppnähte quer über den Untersetzer nähen. So bleibt der Inhalt gut verteilt.
- Mit Resten von Spitzen, Borten oder einem Schrägband den Untersetzer einfassen. So sieht er noch schöner aus und die Randnähte werden verdeckt.

duftende topfuntersetzer ← 65

NACH EINER FAST VERGESSENEN IDEE AUS EINEM ALTEN HANDARBEITSBUCH IST DIESE NÄHARBEIT AUS SCHADHAFTER BETTWÄSCHE GENÄHT.

STOFFSERVIETTEN

Klassische Stoffservietten, die beim Essen über den Schoß gelegt werden, sind zwischen 40 und 50 cm breit. Für den Alltag bewährt sich aber eine Größe von 27 bis 30 cm Breite. So muss außerdem weniger Stoff gewaschen werden – und das schont das Klima.

Schwierigkeitsgrad: ✦
Zeitaufwand: ☼

Material
Fester, nicht elastischer Stoff aus 100 % Baumwolle oder Leinen (z. B. von einem Hemd)

Zuschnitt
Nahtzugaben (2 cm, da doppelter Saum) sind bereits im Zuschnitt enthalten.

Klassische Serviette für den Schoß: 44 × 44 cm

Alltagsserviette: 31 × 31 cm

- An zwei gegenüberliegenden Kanten die Nahtzugaben 1 cm nach links und dann noch mal 1 cm nach links umbügeln, mit Stecknadeln fixieren und knappkantig absteppen.
- Jetzt die zwei anderen Kanten jeweils 1 cm nach links und dann noch mal 1 cm nach links umbügeln, mit Stecknadeln fixieren und knappkantig absteppen.

EINFACHE BESTECK-TASCHE FALTEN

- Serviette mit rechter Seite nach oben auf den Tisch legen.
- Die untere Kante horizontal rechts auf rechts bis zur Mitte falten.
- Die untere Kante nun nochmals um die gleiche Breite horizontal nach oben umschlagen.
- Die Serviette in der Mitte links auf links falten.
- Nochmals in der Mitte links auf links falten.
- Besteck in das entstandene Fach legen.

duftende topfuntersetzer ← 67

ZERO-WASTE-EINKAUFS-HILFEN

Niemand hat Lust auf Verpackungsmüll, dennoch ist er überall. Verpackungsfreieres Einkaufen braucht etwas mehr Vorbereitung. Statt spontan in einen Supermarkt zu gehen und nach Gefühl einzukaufen, sparst du nicht nur viel Müll und Geld, sondern beugst auch Lebensmittelverschwendung vor, wenn du den Einkauf bewusst vorbereitest! Wie das geht und was du dafür brauchst, stellen wir dir in diesem Kapitel vor!

ZERO WASTE EINKAUFEN OHNE UNVERPACKT-LADEN

Unverpackt-Läden sind *die* Adresse, wenn du deinen Alltag so müllarm wie möglich gestalten möchtest. Wenn es bei dir in der Nähe einen gibt, möchten wir dich inständig bitten, dort einzukaufen, denn sie leisten echte Pionierarbeit und haben es als Gegen-den-Strom-Schwimmende nicht leicht.

Immer schön freundlich bleiben

Mit einem freundlichen Lächeln auf den Lippen und einem lockeren Spruch auf der Zunge verringerst du die Wahrscheinlichkeit für ein „Nein", wenn du in einem Lebensmittelladen oder Supermarkt deine eigenen Behälter füllen lassen möchtest. Oft klappt es dennoch nicht beim ersten Mal (reibungslos). Versuche, Verständnis zu zeigen und dort wieder hinzugehen. Es braucht oft ein paar Anläufe. Denn jeder Anfang ist schwer – auch für die Person auf der anderen Thekenseite. Und wer weiß, vielleicht hat beim nächsten Mal jemand anderes mit mehr Verständnis Schicht!

Ketten sind meistens unflexibler

Ketten haben strenge Vorgaben und sind daher recht unflexibel. Kleine, inhaber:innengeführte Läden hingegen sind meistens dankbar über jede:n Kund:in und kommen dir daher oft gerne entgegen.

Der Unterpackt-Laden *Tante Olga* in Köln ist einer der Speerspitzen der Unverpackt-Szene.

Anlaufstellen

- **Wochenmärkte und Hofläden**: Loses, regionales Obst und Gemüse, Antipasti, Gewürze etc.
- **Bioläden:** Loses Obst und Gemüse, Essig, Hafermilch, Säfte in Mehrwegflaschen, palmölfreie Seifenstücke für Körper und Haar, Bambuszahnbürsten etc.
- **Ethnische Läden:** In türkischen Gemüseläden gibt es loses Obst und Gemüse, manchmal auch lose Nüsse und Trockenobst. In arabischen Läden gibt es traditionelle Olivenölseife ohne Umverpackung. In einigen kleinen Asia-Shops gibt es losen Reis oder selbstgemachte, frische Leckereien, die manchmal auch zur Selbstbedienung lose vorliegen.
- **Getränkemärkte**: Getränke aus der Region in Mehrwegflaschen
- **Fachgeschäfte für Essig und Öl**: Essig, Öle, Spirituosen in wiederbefüllbaren Flaschen
- **Teeläden und Kaffeeröstereien**: Loser Tee, Kaffee
- **Getreidemühlen:** Mehl in Großgebinden aus Papier, oft auch wiederbefüllbar
- **Restaurants**: Einige italienische Restaurants machen ihre Pasta frisch, einige asiatische Restaurants stellen Tofu oder Kimchi selbst her.
- **Kioske, Weihnachtsmärkte, Kirmes, Schokoladenfachgeschäfte, Kaufhäuser**: Lose Süßigkeiten wie Gummitiere, Pralinen oder gebrannte Mandeln
- **Natur am Wegrand:** Mit der App *mundraub.org* kannst du öffentliche Sträucher und Bäume finden, an denen du dich (behutsam) bedienen kannst.

Großgebinde bestellen

Großgebinde sind Packungsgrößen, die haushaltsübliche Mengen überschreiten. Du kannst dich mit anderen zusammenschließen und kleine Bioläden fragen, ob sie solche Großgebinde wie beispielsweise 10 kg Haferflocken oder 25 kg Natron bestellen können. Alternativ kannst du auch direkt bei Erzeuger:innen bestellen. Das lohnt sich vor allem für Produkte, die oft schwer zu bekommen sind, wie zum Beispiel Linsen aus Deutschland, ganze Lupinen oder alten Getreidesorten wie Einkorn.

Chancen für unverpackte Großeinkäufe nutzen

Wenn du irgendwo unterwegs bist, wo es einen Unverpackt-Laden gibt, nutz die Chance, um dich gut einzudecken! Fülle dabei alle dafür geeigneten Lebensmittel in leichte Stoffbeutel (S. 76–81), denn die Beutel lassen sich auch befüllt platzsparend einpacken. Du wirst überrascht sein, wie viel mehr du auf diese Weise mitnehmen kannst im Vergleich zu verpackten Produkten!

♥ LESE-EMPFEHLUNG

Beus, S. / Wagner, L. (2021):
Unverpackt. Dein Leitfaden für den unverpackten Einkauf.
Unverpackt Verband e. V. Köln.
Kostenloser Download auf
www.plastik-reduzieren.de

#FEATURE

Das brauchst du für den unverpackten Einkauf

Ein System

Wenn du ohne System einkaufst, passiert es schnell, dass du von einigen Sachen zu viel mitnimmst, während du Notwendiges vergisst. Also musst du noch mal losziehen. So verschwendest du unnötig Zeit zwischen Ladenregalen und zuhause verderben überschüssige Lebensmittel.
Das folgende System kannst du natürlich an deine Bedürfnisse anpassen!

- **Einmal die Woche frische Ware** einkaufen, am besten an einem festen Tag.
- **Ein bis zwei Mal im Monat haltbare Waren** (Trockenwaren, Öle, Säfte, Seifen etc.) auf Vorrat einkaufen.
- **Die Einkäufe planst du immer vorher zuhause**. Das geht mit etwas Übung ganz schnell.

So planst du deinen Wocheneinkauf frischer Waren

Frische Ware ist am nachhaltigsten, wenn sie **regional** und **saisonal** ist. Leg dich nicht zu sehr auf bestimmte Lebensmittel fest. So kannst du auch auswählen, was regional, saisonal und auch gerade preisgünstig ist.

- Immer vorher den Kühlschrank checken. Wenn noch viel da ist, kannst du für die Woche weniger einkaufen.
- Da Gemüsenetze (S. 78) sehr leicht sind, kannst du einfach ganz viele einstecken und beim Einkaufen schauen, wie viele du tatsächlich brauchst.
- Nimm auch Dosen oder Gläser mit, falls es die Möglichkeit gibt, Frischwaren zu kaufen.

ZUR ORIENTIERUNG:

Im (verfressenen) 2-Personen-Haushalt von Shia sind es wöchentlich ungefähr zwei Stoffbeutel Obst und Gemüse vom Wochenmarkt. Fang am besten mit weniger an und pass die Menge nach und nach an.

So planst du deinen unverpackten Großeinkauf haltbarer Waren

- In deine Vorratsschränke und in den Kühlschrank schauen, um eine **Einkaufsliste** der Dinge zu machen, die du wirklich brauchst.
- Entsprechend der Einkaufsliste suchst du dir passende **Gefäße** heraus.
- Stell sicher, dass deine **Taschen oder Stoffbeutel** groß genug für alle Einkäufe sind.

Behältnisse

- **Stoffbeutel zum Zuziehen** (S. 76, 80) für Trockenwaren, Seife etc.
- **Gemüsenetze** (S. 78), weil du dich mit zwei Kilo loser Kartoffeln auf dem Kassenband nicht beliebt machen wirst.
- **Dosen, (alte Einweg-)Gläser und Flaschen** für Nasses (z. B. Öl, Antipasti), Klebriges (z. B. Kuchen) oder Pulvriges (z. B. Mehl)
- **Frisch gewaschene Einkaufsstoffbeutel** für Brot, voluminöse Trockenwaren (z. B. Nudeln) oder um die Einkäufe nach Hause zu tragen
- **Trichter mit weiter Öffnung** zum stressfreieren Abfüllen, z. B. Einkochtrichter oder Trichter für Spülmaschinensalz
- **Gläsertasche / Flaschentasche** (S. 84), damit du die Gläser gut transportieren kannst

EINKAUFSFAHRTEN AM BESTEN OHNE AUTO

Nach Zahlen des NABU werden über 80 % der Einkaufsfahrten in Deutschland mit dem Auto gemacht.[26] Mit dem Auto stößt man auf den letzten Kilometern aber schnell mehr CO_2 aus als der gesamte vorherige Transport der Ware verursacht hat.[27] Wenn es nicht anders geht, nutze eine Fahrt, die du sowieso machen musst, um gleich einen Großeinkauf zu machen.

ZEITSPAR-TIPP:

Wenn du das Eigengewicht deiner Gefäße permanent auf ihnen notierst, musst du sie nicht jedes Mal im Unverpackt-Laden neu abwiegen.

HYGIENE: WAS IST ERLAUBT? WAS IST VERBOTEN?

Es gibt *kein* Verbot, Frischeprodukte in mitgebrachten Gefäßen zu verkaufen.[19] Allerdings heißt das im Umkehrschluss nicht, dass Kund:innen einen Rechtsanspruch darauf haben.[20] Es gilt: Der Einzelhandelsbetrieb ist dafür verantwortlich, die Lebensmittel vor Kontamination zu schützen und hygienisch einwandfrei herauszugeben. Wie genau der Betrieb das umsetzt, ist Ermessensspielraum.[21]

> Anders sieht es seit Januar 2023 in der **Gastronomie und bei Lieferdiensten** aus. Diese müssen seitdem Mehrwegbehälter anbieten. Kleine Betriebe mit höchstens fünf Beschäftigen und maximal 80 m² Verkaufsfläche sind ausgenommen – müssen aber mitgebrachte Gefäße akzeptieren.[22]

In der Praxis wird generell in hygienisch reine und unreine Zonen eingeteilt. Alles auf der Mitarbeitenden-Seite der Theke ist eine reine Zone, alles auf der Kundenseite der Theke ist eine unreine Zone. Deshalb dürfen auch mitgebrachte Beutel oder Dosen nicht einfach rübergereicht werden.
Oft lehnen Geschäfte Kund:innen-Gefäße aber aus Unsicherheit und Angst vor der lokalen Lebensmittelkontrollbehörde ab, obwohl es – richtig gemacht – gar kein Problem ist. Du kannst deine Chancen erhöhen, indem du die Tipps unten ausprobierst.

Das Problem: Ein Nein an der Theke

Die Lösung: Die Ablagefläche auf der Theke ist kein reiner Bereich. Dort kannst du deine Dose offen abstellen oder den Stoffbeutel aufhalten. Beim Befüllen dürfen allerdings die Zangen nicht mit den mitgebrachten Behältnissen in Kontakt kommen, um Kontaminationen zu vermeiden.
Best Practice: Versuche nicht, deine Dosen oder Beutel über den Tresen zu reichen. Bitte stattdessen das Personal darum, das Produkt „reinplumpsen" zu lassen.

Das Problem: Die Waage befindet sich im reinen Bereich, wo mitgebrachte Behältnisse nicht hindürfen

Die Lösung: Frag nach, ob die Ware auf einem hauseigenen Teller abgewogen werden und dir rübergereicht werden kann, damit du sie selbst in dein Behältnis umfüllst.
Best Practice: Viele Supermärkte bieten inzwischen ein Tablettsystem an. Dabei reichen sie dir ein Tablett herüber, auf das du dein offenes Gefäß

stellst. Das Tablett wird mit deinem Gefäß auf die Waage gestellt dir dann befüllt Gefäß wieder auf dem Tablett hinübergereicht. So kommt dein Gefäß mit nichts im reinen Bereich direkt in Berührung.

Wenn du genau hinschaust, wirst du feststellen, dass in Unverpackt-Läden genau aus diesem Grunde die Waage nicht *hinter* der Theke, sondern *auf* der Theke steht. Einfach, aber genial!

Geheimtipp: Probiere es zu einem anderen Zeitpunkt nochmal

Oft sind es nur einzelne Mitarbeitende, die deine Dose aus reiner Unsicherheit ablehnen. Versuch es das nächste Mal erneut, wenn jemand anderes hinterm Tresen steht.

Vielleicht hast du auch nur gerade die stressige Stoßzeit erwischt, wo Sonderwünsche generell nicht erfüllt werden können. Geh wieder hin, wenn nicht so viel los ist.

Such das Gespräch

Wenn es ruhiger ist und du das Glück hast, eine:n Entscheidungsträger:in anzutreffen, sprich mit der Person darüber. Viele sind sehr aufgeschlossen! Dass es unter hygienischen Gesichtspunkten möglich ist, Lebensmittel in mitgebrachte Verpackungen zu füllen, zeigen ja die Unverpackt-Läden. Hier findest du Infomaterialien, die du an interessierte Betriebe weiterleiten kannst:

- „Verpackungen ökologisch optimieren. Ein Leitfaden für Unternehmen" vom Institut für ökologische Wirtschaftsforschung und dem Institut für Energie- und Umweltforschung Heidelberg. Kostenloser Download: plastik-reduzieren.de/deutsch/veröffentlichungen/leitfaden-für-unternehmen/
- Merkblätter und Info-Videos gibt es auf der Webseite lebensmittelverband.de vom Lebensmittelverband Deutschland[23]

BEUTEL FÜR TROCKENWAREN

Die meisten unverpackten Trockenwaren lassen sich am besten im Stoffbeutel kaufen, denn diese sind viel leichter als Gläser oder Dosen und benötigen viel weniger Platz. Außerdem passt überraschend viel rein!

Schwierigkeitsgrad: ✪
Zeitaufwand: ☼

Material
Alter, leichter Baumwollstoff (z. B. T-Shirts, Hemden, Bettwäsche, Tischdecken)

Schnur oder Kordel

Durchziehnadel (alternativ eine große Haarklammer, Sicherheitsnadel oder Stopfnadel)

Zuschnitt
1-l-Beutel (praktisch, denn der Inhalt passt perfekt in 1-l-Einmachgläser)
1 × Baumwollstoff 15 × 42 cm (Nahtzugabe von 1 cm ist bereits enthalten)

2 × Bändchen 36 cm

Großer Beutel (z. B. für Nudeln oder Cornflakes)
1 × Baumwollstoff 27 × 66 cm (Nahtzugabe von 1 cm ist bereits enthalten)

2 × Bändchen 62 cm

- Die Nahtzugabe rund um den Stoff nach innen bügeln.

Tunnelzug nähen
- An den langen Kanten die Nahtzugabe jeweils 5 cm von der kurzen Kante aus gemessen einschneiden (siehe Abb. 1).
- Die eingeschnittene Nahtzugabe (1 cm breit und 5 cm lang) vom Tunnelzug nach innen klappen und absteppen.
- Nun an den kurzen Kanten jeweils den Saum weitere 2 cm nach innen einbügeln und knappkantig absteppen.

Beutel fertig nähen
- Den Stoff nun rechts auf rechts in der Mitte falten und an den langen Kanten mit 1 cm Nahtzugabe absteppen.
- Die langen, nun abgesteppten Kanten nochmal mit einem Zickzack-Stich versäumen. Den Beutel umstülpen.
- Nun das erste Bändchen mit Hilfe einer Durchziehnadel durch den Tunnelzug ziehen und die Enden verknoten. Das zweite Bändchen genauso durchziehen, wobei es danach am anderen Ende zusammengeknotet wird. Nun kann der Beutel geschlossen werden, indem gleichzeitig an beiden verknoteten Enden gezogen wird.

beutel für trockenwaren ←

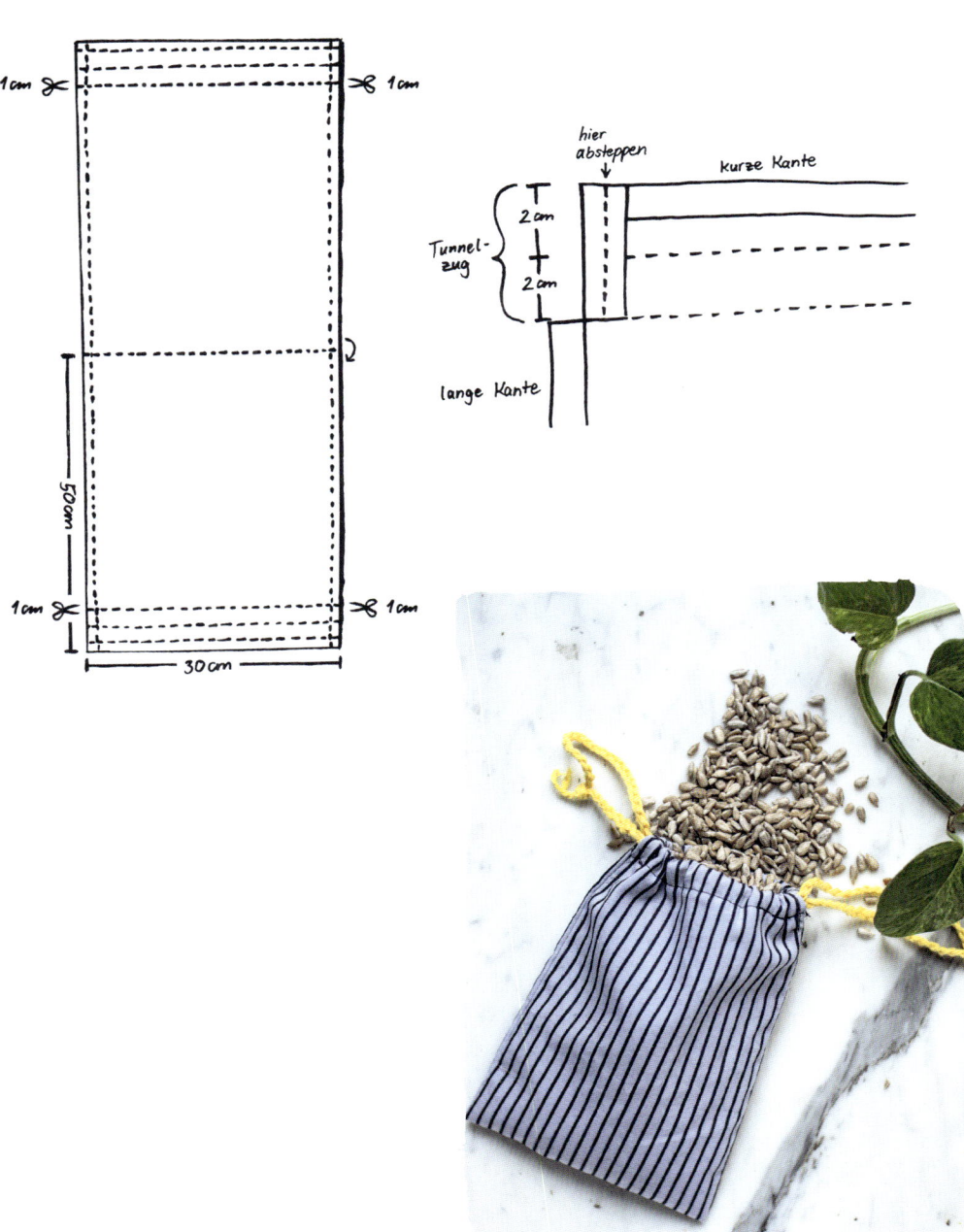

GEMÜSEBEUTEL AUS ALTEN GARDINEN

Alte Gardinen sind perfekt für Gemüsebeutel geeignet, denn sie sind sehr leicht und es lässt sich erkennen, was im Beutel ist.

Schwierigkeitsgrad: ✪
Zeitaufwand: ☼

Material
Alte Gardinen aus Baumwolltüll
Bändchen oder Kordel
Durchziehnadel (alternativ eine große Haarklammer, Sicherheitsnadel oder Stopfnadel)

Zuschnitt

Großer Beutel
1 × Gardinenstoff 29 × 70 cm (Nahtzugabe von 1 cm ist bereits enthalten)
2 × Bändchen 65 cm

Kleiner Beutel
1 × Gardinenstoff 25 × 56 cm (Nahtzugabe von 1 cm ist bereits enthalten)
2 × Bändchen 56 cm

Die Gemüsebeutel werden genau wie die Beutel für Trockenwaren auf S. 76 genäht, nur mit anderen Maßen und einem anderen Stoff. Schau dir gerne die Skizzen auf S. 76 an!

- Die Nahtzugabe rundum den Stoff nach innen bügeln.

Tunnelzug nähen
- An den langen Kanten die Nahtzugabe jeweils 5 cm von der kurzen Kante aus gemessen einschneiden (siehe Abb. 1).
- Die eingeschnittene Nahtzugabe (1 cm breit und 5 cm lang) vom Tunnelzug nach innen klappen und absteppen.
- Nun an den kurzen Kanten jeweils den Saum weitere 2 cm nach innen einbügeln und knappkantig absteppen.

Beutel fertig nähen
- Den Stoff nun rechts auf rechts in der Mitte falten und an den langen Kanten mit 1 cm Nahtzugabe absteppen.
- Die langen, nun abgesteppten Kanten noch mal mit einem Zickzack-Stich versäumen. Den Beutel umstülpen.
- Nun das erste Bändchen mit Hilfe einer Durchziehnadel durch den Tunnelzug ziehen und die Enden verknoten. Das zweite Bändchen genauso durchziehen, wobei es danach am anderen Ende zusammengeknotet wird. Nun kann der Beutel geschlossen werden, indem gleichzeitig an beiden verknoteten Kordelenden gezogen wird.

SPAGHETTI-BEUTEL AUS EINEM ÄRMEL

Schwierigkeitsgrad: ✤
Zeitaufwand: ☼

Material

Ein etwas weiterer Ärmel aus leichtem Stoff (z. B. Hemd, Schlafanzug)

Schnur oder Kordel

Durchziehnadel (alternativ eine große Haarklammer, Sicherheitsnadel oder Stopfnadel)

Zuschnitt

1 Ärmel Länge 41 cm (inklusive Nahtzugabe)

2 × Bändchen 50 cm lang

- Die schmalere Öffnung am Ärmel unten einmal mit farblich passendem Garn absteppen, um den Ärmel-Look zu erhalten. Den Ärmel auf links wenden.
- Da der Ärmel oben nicht gerade verläuft, wird an den Seiten rechts und links jeweils ein Abnäher angebracht. Dazu mit Schneiderkreide die oberen 9 cm gerade einzeichnen (siehe rote und gelben Linie auf Skizze). Dann entsprechend der grünen Linie auf der Skizze einschneiden.
- An den langen Kanten die Nahtzugabe jeweils 5 cm von der kurzen Kante aus gemessen einschneiden (siehe Abb. 1).
- Die oberen 5 cm an den Seiten rechts und links jeweils an der eingezeichneten Linie nach links umbügeln und absteppen (siehe rote Linie Abb. 1).
- Für den **Tunnelzug** nun die Nahtzugabe an der oberen Kante (1 cm) einmal nach links umbügeln und den entstandenen Saum weitere 2 cm nach links umbügeln. Knappkantig absteppen.
- Entlang der in der Skizze gelb eingezeichneten Linie absteppen und den Beutel auf rechts wenden.
- Das Bändchen mit Hilfe einer Durchziehnadel durch den Tunnelzug ziehen und die Enden verknoten. Das zweite Bändchen genauso durchziehen, wobei es danach am anderen Ende zusammengeknotet wird. Nun kann der Beutel geschlossen werden, indem gleichzeitig an beiden verknoteten Enden gezogen wird.

spaghetti-beutel aus einem ärmel ←   81

BROTBEUTEL

Ein altes Küchenhandtuch aus Baumwolle und Leinen als Innenfutter und gern getragene Jeans für den Außenstoff sind die idealen Zutaten für den Brotbeutel. Die Backwaren lassen sich nicht nur gut transportieren, sondern der Beutel kann zuhause auch zur Aufbewahrung dienen.

Schwierigkeitsgrad: ✿ ✿
Zeitaufwand: ☼ ☼

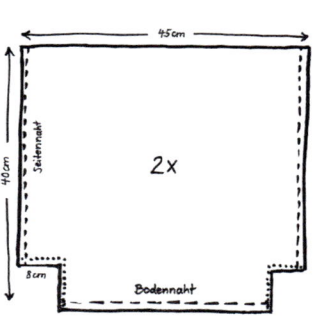

Material
2 Stoffstücke 45 × 40 cm aus den Beinen einer ausgedienten Jeans

1 altes Küchenhandtuch oder ein Stoffstück aus Baumwolle 45 × 90 cm

2 Henkel

Zuschnitt
2 Stoffstücke 45 × 40 cm aus jeweils einem Hosenbein schneiden.

Das Küchenhandtuch oder Stoffstück auf 45 × 90 cm zuschneiden.

Quadrate wie auf der Skizze ausschneiden.

- Die Stücke aus den Hosenbeinen an der Bodennaht zusammennähen.
- Den Jeansstoff mit Zickzack-Stich einsäumen.
- Eventuelle Applikationen jetzt auf die Außenseite nähen.
- Mit dem Küchenhandtuch auf rechts übereinanderlegen und mit Stecknadeln fixieren.
- Die Seiten jeweils bis zu den Aussparungen zusammennähen. Die beiden benachbarten Seiten der ausgeschnittenen Quadrate jeweils zusammennähen.
- Die Arbeit wenden.
- Das überstehende Stück des Innenstoffs an der Öffnung nach außen schlagen und rundum festnähen.
- Henkel anbringen oder Kordel einfädeln.

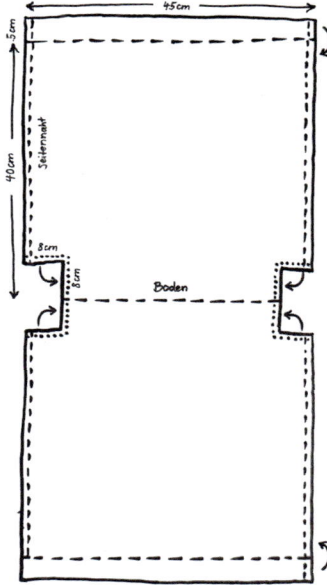

GLÄSERTASCHE

Einige Lebensmittel wie Mehl, Zucker, getrocknete Früchte oder Öle lassen sich besser in Gläsern transportieren. Diese Gläsertasche hat neun Fächer (jeweils 8 × 8 cm groß), in die die meisten Gläser bis 0,75 l passen.

Schwierigkeitsgrad: ☆ ☆ ☆
Zeitaufwand: ☀ ☀ ☀

Material
2 Paar alte Jeans oder ähnliche, stabile Stoffe

Ggf. ein anderer fester, aber nicht elastischer Stoff für die Gurte

Zuschnitt
Nahtzugabe von 1 cm ist nicht in den Schnittteilen enthalten.

Aus Jeans:
A: 1 Bodenteil mit zwei Seiten, 24 × 54 cm

B: 1 Bodenverstärkung, 24 × 24 cm

D: 1 Seite vorne, 24 × 15 cm

E: 1 Seite hinten, 24 × 15 cm

F: 4 Trenner, 24 × 15 cm

Optional: Eine abgetrennte Gesäßtasche (sehr praktisch als zusätzliches Fach für z. B. Einkaufsliste und Stift)

Aus festem, nicht elastischem Stoff:
C: 2 Gurte, 6 × 66 cm

Zuschneiden

- Beim Zuschneiden so gut es geht den Fadenverlauf beachten, auch wenn das bei einer vor allem getragenen Jeans nicht immer möglich ist. Dabei sollte „oben und unten" bei der Jeans auch „oben und unten" bei den Seiten der Gläsertasche sein, denn Jeansstoff gibt in der Richtung "„oben und unten" weniger nach als von „links nach rechts".
- Bei den Trennern **(F)** innen ist das nicht so wichtig, weil die Stabilität des Stoffes an dieser Stelle keine so große Rolle spielt. Dafür kann auch Stoff mal schief ausgeschnitten werden.

Gurte (C) vorbereiten

- Die Nahtzugaben der Gurte nach innen bügeln.
- Die kurzen Enden absteppen.
- Den Stoff der Länge nach in der Mitte zusammenlegen und bügeln.
- Erst die offene Längsseite und dann die andere Längsseite absteppen.

Bodenteil mit Seiten (A) vorbereiten

- Die Nahtzugabe an den zwei kurzen Kanten nach innen umbügeln und mit einem Zickzack-Stich absteppen.
- Die langen Kanten mit einem Zickzack-Stich versäubern.
- Wie auf der Abbildung die 8-cm-Abschnitte auf der *linken* Stoffseite gut sichtbar mit Schneiderkreide aufmalen.

Seitenteile vorne und hinten (D, E) vorbereiten

- Bei beiden Seitenteilen **(D und E)** jeweils die Nahtzugabe von einer der langen Kante nach innen Bügeln, feststecken und mit einem Zickzack-Stich absteppen. Dies wird später die obere Seitenkante der Tasche.
- Bei beiden Seitenteilen **(D und E)** die restlichen drei Kanten mit einem Zickzack-Stich versäubern.

gläsertasche 85

> FÜR DEN GURT HABE ICH DIE KNOPFLEISTE EINES VON MEINEM NACHBARN AUSSORTIERTEN HERRENHEMDES VERWENDET.

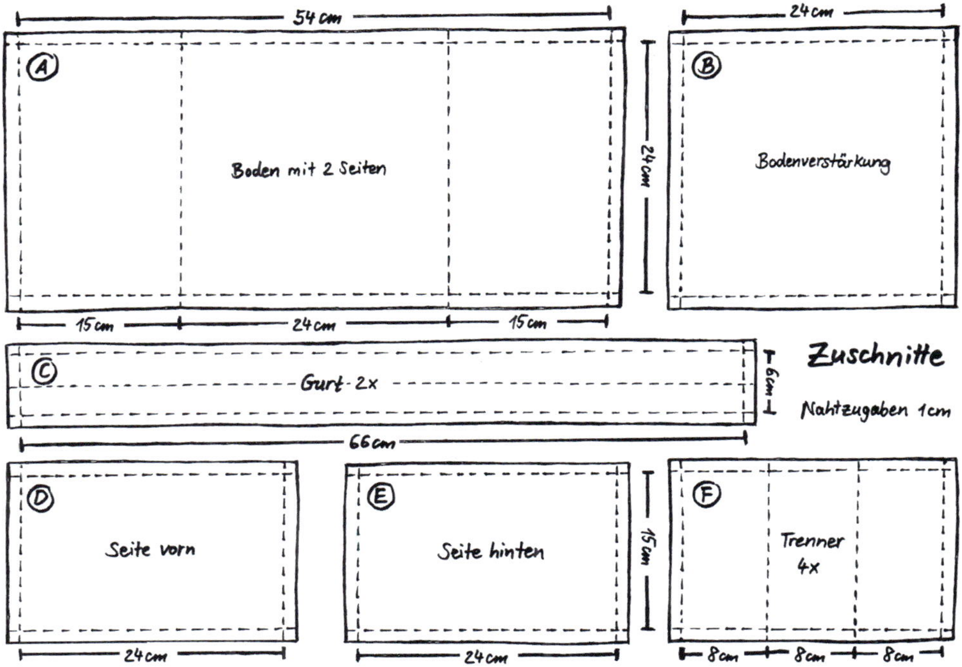

A Boden mit 2 Seiten — 54 cm × 24 cm (15 cm | 24 cm | 15 cm)

B Bodenverstärkung — 24 cm × 24 cm

C Gurt 2x — 66 cm × 6 cm

D Seite vorn — 24 cm × 15 cm

E Seite hinten — 24 cm × 15 cm

F Trenner 4x — (8 cm + 8 cm + 8 cm) × 15 cm

Zuschnitte

Nahtzugaben 1 cm

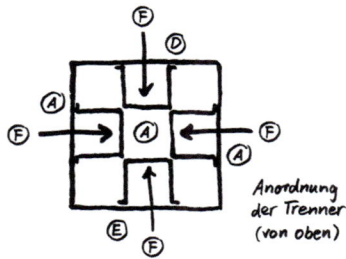

Anordnung der Trenner (von oben)

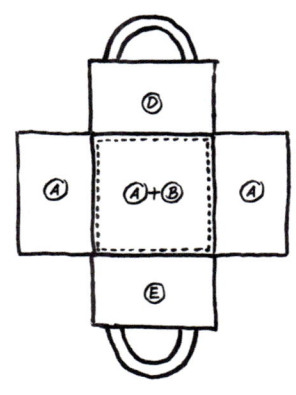

◦ Wenn die **optionale Gesäßtasche** angebracht werden soll, diese nun mittig auf das Seitenteil feststecken, das später die Vorderseite wird, mit farblich passendem Garn aufnähen. *Wichtig: Die Gesäßtasche ist in den meisten Fällen breiter als die vorgesehene Breite von 8 cm für jedes Fach, d. h. das Fach direkt hinter der Gesäßtasche wird etwas breiter, während die anderen zwei Fächer daneben etwas enger werden. So entsteht ein Fach für dickere Gläser (z. B. Gewürzgurkenglas), was sehr praktisch sein kann.*

◦ Bei beiden Seitenteilen **(D und E)** die Gurte **(C)** 2,5 cm links und rechts vom Rand des Seitenteils (gemessen ohne Nahtzugabe) anstecken und rundum absteppen. Für mehr Stabilität 2 cm vom oberen Rand ein Viereck mit einem Kreuz darin absteppen.

◦ Nun auf der *linken* Stoffseite die 8-cm-Abschnitte (siehe Skizze) mit Schneiderkreide aufmalen. Wenn eine Gesäßtasche aufgenäht wurde, sich beim Aufmalen an den Abschnitten an den Rändern rechts und links von der Gesäßtasche orientieren.

Trenner (F) vorbereiten

◦ Bei allen vier Trennern die Nahtzugabe an den zwei langen Kanten nach innen bügeln, feststecken und mit einem Zickzack-Stich absteppen.

◦ Die beiden kurzen Kanten mit einem Zickzack-Stich versäubern.

◦ Mit Schneiderkreide auf der *rechten* Seite des Stoffes die 8 cm breiten Abschnitte (siehe Skizze) bei allen Trennern einzeichnen.

Die Bodenverstärkung (B) einnähen

◦ Die Nahtzugaben der Bodenverstärkung **(B)** nach innen bügeln.

◦ Die Bodenverstärkung links auf links auf den Boden vom Bodenteil mit den zwei Seiten legen und feststecken. Dabei darauf achten, dass der Fadenverlauf der beiden Stoffteile quer zueinander liegt. Viele Jeansstoffe sind etwas elastisch und so wird der Boden stabiler.

◦ Die Bodenverstärkung rundum absteppen.

Seitenteile vorne (D) und hinten (E) mit Bodenteil (A / B) verbinden

- Nun das vordere Seitenteil **(D)** mit der Unterkante rechts auf rechts an eine Seitenkante des verstärkten Bodens legen und mit einer Naht von 1 cm absteppen.
- Das gleiche mit dem hinteren Seitenteil **(E)** an der anderen Seitenkante des verstärkten Bodens wiederholen.

Die Trenner (F) zusammennähen

- Die Trenner an den 8-cm-Markierungen wie auf der Skizze mit der Anordnung der Trenner aneinandernähen. Dabei immer die Trenner links auf links legen.

Die Trenner (F) einnähen

Die Trenner einzunähen erfordert etwas Geduld und Fingerspitzengefühl.

- Wir fangen mit dem vorderen Seitenteil **(D)** an. Die kurze Kante des Trenners **(F)** wird an die 8 cm Markierung des vorderen Seitenteils **(D)** genäht (siehe Skizze mit Anordnung der Trenner).
- Das Gleiche an allen offenen Seiten nacheinander wiederholen.

Die Seiten der Tasche zusammennähen

Es müssen nur noch die Seiten zusammengenäht werden. Auch das ist ein bisschen fummelig, weil sich die Tasche nicht richtig auf links ziehen lässt.

- Dennoch müssen die Seiten-Kanten rechts auf rechts liegen, das heißt zumindest an den Seiten muss die Tasche so gut es geht auf links gezogen und gut festgesteckt werden.
- Dann die Kanten der Seiten nacheinander mit einem einfachen Steppstich zusammennähen.

TIPP

Wer statt einer Gläsertasche eine **Flaschentasche** nähen möchte, kann die Seitenhöhe von 15 cm auf 30 cm verlängern:
A: 1 Bodenteil mit zwei Seiten, 24 × 84 cm
B: 1 Bodenverstärkung, 24 × 24 cm
C: 2 Gurte, 6 × 96 cm
D: 1 Seite vorne, 24 × 30 cm
E: 1 Seite hinten, 24 × 30 cm
F: 4 Trenner, 24 × 30 cm

ISOLIER-EINKAUFSTASCHE

An den Kassen der Supermärkte werden Tiefkühltragetaschen immer noch gerne gekauft. Eigentlich könnten sie viele Male verwendet werden, doch die Schwachstelle ist meist der Henkel, der schnell ausreißt und die Taschen wandern in den Müll. Doch hier bekommen die Taschen ein neues, besseres Leben!

Schwierigkeitsgrad: ✦
Zeitaufwand: ☼

Material
1 ausgediente Tiefkühltragetasche

2 stabile Stoffstücke ca. 35 × 40 cm

Ca. 100 cm Gurtband

Zuschnitt
Zwei Stücke von ungefähr 35 × 40 cm aus der Tiefkühltasche schneiden

Zwei ebenso große Stoffstücke zuschneiden

- Jeweils einen Zuschnitt aus der Tiefkühltasche auf ein Stoffstück legen, rundum mit Zickzackstich zusammennähen und gleichzeitig einsäumen.
- Stabiler wird die Tasche, wenn sie durch mehrere Nähte abgesteppt wird. Hierbei können auch Applikationen oder abgetrennte Hosentaschen angebracht werden.
- Die beiden fertig gesäumten Seiten auf rechts legen und drei Seiten zusammennähen.
- Die Arbeit wenden und Henkel anbringen.

Die eingenähte Kühlfolie hält den Einkauf kalt oder warm. Die Tasche ist wirklich langlebig und komplett aus recyceltem Material hergestellt. Die Taschen sind nicht länger Werbeträger, sondern Ausdruck deines individuellen Geschmacks.

ZERO WASTE UNTERWEGS

Um müllarm unterwegs zu sein, musst du nicht immer von Trinkflasche über Besteckrolle bis Kaffeeglas alles mitnehmen. Genauso, wie du nur zur wärmeren Jacke greifst, wenn es kalt ist, steckst du genau die Zero-Waste-Dinge ein, die du höchstwahrscheinlich brauchen wirst. Da sich Lunchbeutel (S. 92) und Furoshiki (S. 100) für viele verschiedene Anwendungen eignen, sparst du mit diesen Gewicht und Platz.

PLASTIKFREIE LUNCHBEUTEL

Die Grundlage für die plastikfreien Beutel sind selbsthergestellte Wachstücher (S. 50). Sie sind die ideale Aufbewahrung für Obst oder Brote für unterwegs. Zusammengefaltet finden sie Platz in jeder Tasche, um zum Beispiel sogar feuchte Badesachen sicher zu transportieren.

Schwierigkeitsgrad:
Zeitaufwand:

Material
2 Stoffstücke 29 × 25 cm für den Außenstoff
2 Wachstücher 30 × 25 cm für das Innenfutter
Druckknopf, Knopf oder Wäscheklammer zum Verschließen
Optional: 4 kleine Knöpfe zum Fixieren des Innenbeutels

Außenbeutel aus Stoff nähen

- Die Stücke des Außenstoffs zuschneiden. Am Boden zusammennähen und einsäumen.
- Eventuelle Applikationen jetzt auf die Außenseite nähen.
- Die Seiten des Außenbeutels zusammennähen, die Quadrate dabei aussparen.
- Die beiden benachbarten Seiten des Quadrats zusammennähen und Beutel wenden.
- Den Stoff an der Öffnung nach innen schlagen und festnähen.

Innenbeutel aus Wachstuch nähen

- Die Wachstücher zuschneiden und am Boden zusammennähen.
- Eventuelle Knopflöcher zum Fixieren des Innenbeutels jetzt nähen.
- Die Seiten des Innenbeutels zusammennähen, die Quadrate dabei aussparen.
- Die beiden benachbarten Seiten des Quadrats zusammennähen und Beutel wenden.

Beutel zusammensetzen

- Nun den Innenbeutel in den Außenbeutel stecken und den oben an der Öffnung überstehenden Stoff des Innenbeutels nach außen über die Öffnung des Außenbeutels stülpen und gegebenenfalls zusammenknöpfen.

plastikfreie lunchbeutel ← 93

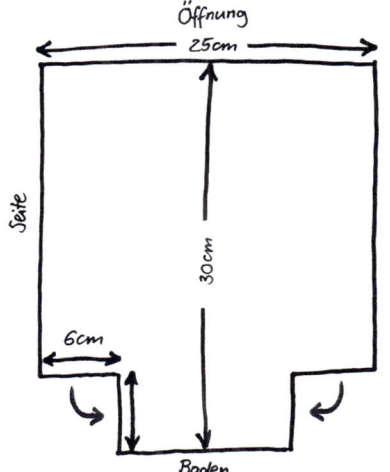

Nach dem Benutzen einfach den Innenbeutel vom Außenbeutel trennen und den Innenbeutel mit lauwarmem Wasser und etwas milder Seife sanft reinigen. Bitte nicht heiß waschen oder stark reiben, da sich sonst die Wachsschicht löst. Nach der Reinigung trockentupfen und aufhängen.

Der Innenbeutel kann und sollte genau wie die Wachstücher regelmäßig im Ofen aufgefrischt werden (siehe S. 51). Die Kombination von Abspülen direkt nach jeder Benutzung und die regelmäßige Behandlung mit Hitze beim Auffrischen im Ofen macht Wachstücher hygienisch sicher und verlängert so die Nutzungsdauer.

#FEATURE

WIE BIST DU UNTERWEGS?

Wer mit offenen Augen durch die Stadt läuft kann die überquellenden Abfalleimer nicht übersehen. Im Lauf der letzten Jahre hat der Unterwegs-Müll stark zugenommen. Die Verschwendung von Rohstoffen und Energie ist groß, ob für Einmalbecher, Bäckertüte oder Pizzaschachtel. Hier kannst du aktiv zur Müllvermeidung beitragen.

Eine Trinkflasche sollte immer Platz in der Tasche haben, so kannst du deinen Durst jederzeit kostenlos mit deinem Lieblingsgetränk stillen. Plastikflaschen sind zweifellos leichter als Glas- oder Edelstahlflaschen. Doch entwickeln sie oft einen störenden Nebengeschmack und lassen sich nur mit kalten Getränken befüllen. Die Edelstahlflasche ist bruchsicher und wenn sie isoliert ist, hält sie außerdem die Temperatur. Eine Glasflasche kannst du mit einem Überzug sicher verstauen.

Egal welche Flasche du wählst, wenn sie leer ist, kannst du sie problemlos auf Toiletten mit frischem Trinkwasser nachfüllen.

Die alltäglichen Mahlzeiten, auch die außer Haus, sind relativ gut planbar. Mit wenig Aufwand kannst du dein Essen vorbereiten und in plastikfreien Lunchboxen mitnehmen. Selbst Salate, Müsli oder Joghurt können in Schraubgläsern, die einen Überzug bekommen, sicher transportiert werden. Die Bestecktasche (S. 96) enthält alles, was du sonst noch zum Essen brauchst. Das wirkt sich nicht nur positiv auf deinen Geldbeutel aus, sondern kommt deiner Gesundheit zugute. Anstatt zum Beispiel sehr zuckerhaltige Muffins kannst du dein selbst zusammengestelltes Früchtemüsli essen.

Eine faltbare Tasche für alle Fälle sollte immer Platz haben. Vor allem spontane Käufe hatten der Plastiktüte zu vielen ungewollten Einsätzen verholfen. Zwar wurde diese jetzt durch Papiertaschen ersetzt, doch auch diese ist überflüssig, wenn du immer eine platzsparende Stofftasche oder ein großes Furoshiki-Tuch (S. 100) dabeihast.

Gerade wenn du viel unterwegs bist, lohnt es sich,

ein gutes Konzept zu entwickeln. Für abfallfreies Reisen musst du etwas mehr Zeit in die Planung investieren, doch dies spart dir nicht nur die Suche nach der nächsten Einkaufsgelegenheit, sondern auch eine Menge Geld.

Wenn du unterwegs Hunger oder Durst bekommst, dann musst du nicht auf verpacktes Fast Food zurückgreifen, sondern kannst von deinem Proviant zehren. Dies entspricht sowieso eher deinem Geschmack und deinen Bedürfnissen. Trinkflaschen und Brotboxen lassen sich zuhause bequem mit leckeren Lebensmitteln befüllen.

In den plastikfreien Lunchbeuteln (S. 92) kannst du Obst mitnehmen. Falls Schalen anfallen, dann wandern die im Beutel wieder mit nach Hause. Oder dein Lunchbeutel wird zur perfekten Beutetasche, um unterwegs gefundene Beeren, Nüsse oder Kräuter sicher zu transportieren.

Du möchtest dir vor dem Essen die Hände waschen? Oder nach dem Essen die Zähne putzen? Hier ist die Lösung: ein Reise-Waschbeutel, der platzsparend im Gepäck verstaut wird.

Selbst auf Besteck (S. 96) und Serviette (S. 66) musst du nicht verzichten. Appetitlich und sauber kannst du sogar Salate oder Müsli verzehren.

Diese Unabhängigkeit erleichtert nicht nur Bahnreisen und nicht vermeidbare Autofahrten, sondern auch Radtouren und Wanderungen. Abseits der stark frequentierten Wege finden sich oft auch keine Einkehrmöglichkeiten mehr, daher ist ein Rucksackvesper obligatorisch. Der perfekte Genuss ergibt sich aus einem idyllischen Rastplatz, einer liebevoll vorbereiteten Brotzeit und einem ordentlichen Appetit.

Zu guter Letzt: Die Notfallbox alle Fälle und Ausnahmesituationen. In diese gehören zum Beispiel Taschentücher (S. 112), Besteck und ein Taschenmesser. Mit dieser Box bist du immer einsatzbereit für die Lebensmittelrettung – ob übrig gebliebenes Essen im Restaurant, Verlockungen auf Märkten oder Reste auf Festen.

Einmal in den Alltag integriert, wird deine Zero-Waste-Ausrüstung zum Teil deines Lebens, den du nicht mehr missen möchtest.

BESTECKTASCHE UND PLATZDECKCHEN

Diese praktische Bestecktasche lässt bequem im Gepäck verstauen. Das eigene Besteckt ist immer griffbereit und die Mahlzeit kann abfallfrei, stilvoll und hygienisch gegessen werden. Selbst eine Stoffserviette hat noch Platz, mit der dann auch das schmutzige Besteck eingeschlagen wird.

Schwierigkeitsgrad: ✿ ✿
Zeitaufwand: ☼ ☼

Material
2 Stücke fester Stoff 40 × 30 cm, z. B. ein alter Getreidesack

2 Stücke Baumwollstoff 40 × 30 cm, z. B. ein Herrenhemd

1 Stoffrest 30 × 20 cm für die Bestecktasche

- Die Stoffstücke zuschneiden und mit einem Zickzack-Stich einsäumen.
- Bestecktasche am oberen Rand umnähen und auf den Innenstoff nähen.
- Nähte für die Besteckfächer zusammen mit der Bestecktasche auf den Innenstoff nähen.
- Außenstoff und Innenstoff auf rechts zusammennähen. Dabei eine Wendeöffnung lassen.
- Die Arbeit durch die Öffnung wenden. Die Ecken sauber ausarbeiten, den Stoff der Wendeöffnung nach innen klappen und mit Stecknadeln fixieren. Das Tischset knapp an der Kante entlang absteppen.

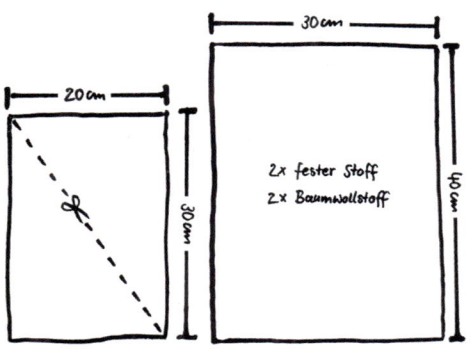
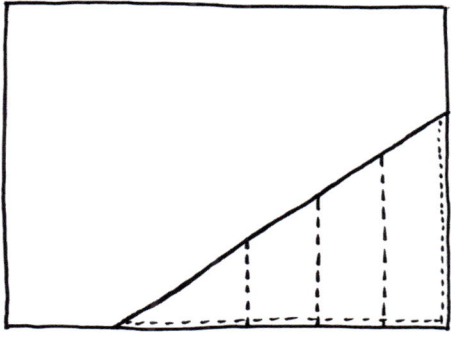

bestecktasche und platzdeckchen

KAFFEEGLAS-ÜBERZUG

Für Coffee-to-go – natürlich mit dem Zero-Waste-Kaffeefilter (S. 60) gekocht – braucht man nur ein altes Marmeladenglas. Ein Überzug hält den Kaffee warm und sorgt für verbrennungsfreie Fingerchen.

Schwierigkeitsgrad: ✧
Zeitaufwand: ☼

Material
20–25 g Garnreste aus 100 % Baumwolle, Stärke 2,5 bis 4,5 (stärker, desto mehr Garn wird benötigt)

1 Nadelspiel, in der Größe passend zu den Wollresten

Maschenmarkierer (alternativ eine Sicherheitsnadel oder eine Büroklammer)

Boden
Den Boden wird beim Stricken an die Größe des Glases angepasst. Eine Maschenprobe ist daher nicht nötig.

- **1. Runde:** 8 Maschen anschlagen und gleichmäßig auf die Nadeln verteilen (2 Maschen pro Nadel). Rundenanfang mit Maschenmarkierer markieren.
- **2. Runde:** Glatt rechts stricken (1 Runde).
- **3. Runde:** Auf 16 Maschen verdoppeln. Dazu immer 1 rechte Masche, 1 Masche Zunahme stricken.
- **4.–5. Runde:** Glatt rechts stricken (2 Runden).
- **6. Runde:** Auf 32 Maschen verdoppeln.
- **7.–10. Runde:** Glatt rechts stricken (4 Runden).
- **11. Runde:** Auf 64 Maschen verdoppeln.
- **12.–19. Runde:** Glatt rechts stricken (8 Runden).
- Nach diesem Prinzip kann der Boden immer weiter vergrößert werden, bis er so groß ist wie der Boden des Glases. Zunahmen beenden.

Seiten
Hier ist Platz für kreative Muster. Anfänger:innen können auch einfach komplett rechts durchstricken, ohne Bündchen abketten und oben den Rand nach außen rollen.

- Bis 2–3 cm unter der gewünschten Länge in Runden stricken. Nun ein Bündchen mit 1 rechten Masche, 1 linken Masche (oder auch 2 rechte Maschen, 2 linke Maschen) stricken. Abketten.

Vorschläge: **Perlmuster** (pro Runde 1 rechte Masche, 1 linke Masche in jeder Runde versetzt), **Zopfmuster** (z. B. einen 4 rechte Maschen breiten Zopf mit jeweils 2 linken Maschen rechts und links, wobei sich in jeder 5. Runde 2 × 2 rechte Maschen verkreuzen)

DAS GRUNDPRINZIP DES PI CIRCLES (VON ELISABETH ZIMMERMANN)

Es gibt Zunahme-Runden, in denen die Maschenanzahl verdoppelt wird. Danach gibt es Runden, die ohne Zunahmen gestrickt werden. Nach jeder Zunahme-Runde verdoppelt sich die Anzahl der Runden ohne Zunahmen.

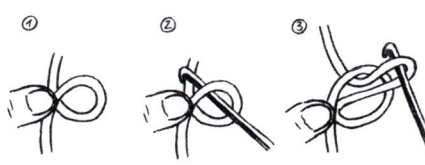 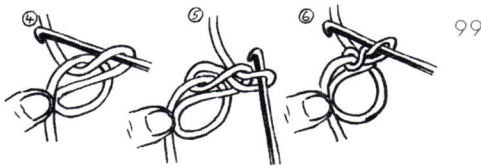

Schwierigkeitsgrad: ✮
Zeitaufwand: ☼

Material

Garn aus 100 % Baumwolle, Stärke 2,5 bis 4,5 (je stärker, desto mehr Garn wird benötigt)

Eine Häkelnadel passend zum Garn

Maschenmarkierer (alternativ eine Sicherheitsnadel oder eine Büroklammer)

Boden

Nach dieser Anleitung den Boden häkeln, bis er so groß ist wie der Boden eures Kaffeeglases.

- **1. Runde**: Fadenring machen. Dazu mit dem Arbeitsfaden eine Schlinge legen. Dabei liegt der Arbeitsfaden oben und das abgeschnittene Fadenende unten. Mit den Fingern die Stelle, an der die Fäden sich kreuzen, gut festhalten. Mit der Häkelnadel durch die Schlinge stechen und den Arbeitsfaden von hinten nach vorne durchziehen. Dabei entsteht eine Schlaufe auf der Häkelnadel. Den Arbeitsfaden durch die Schlaufe auf der Nadel ziehen und vorsichtig an den Fäden der Schlinge festziehen. Das ist nun die Anfangsmasche.

- **2. Runde:** 3 Luftmaschen (ersetzt 1 Stäbchen) anschlagen und 13 Stäbchen in den Fadenring häkeln. Am Fadenende ziehen, bis sich der Kreis schließt und die Runde mit einer Kettmasche in der 3. Luftmasche schließen.

- **3. Runde:** 3 Luftmaschen häkeln. Stäbchen auf 26 Stäbchen verdoppeln, indem in jedes Stäbchen der Vorrunde 2 Stäbchen gehäkelt werden. Runde mit Kettmasche in Luftmasche schließen.

- **4. Runde:** 3 Luftmaschen häkeln. Nun wird nur noch jedes 2. Stäbchen verdoppelt. Runde wie gehabt schließen.

- **5. Runde:** (falls nötig): 3 Luftmaschen häkeln. Nun wird nur noch jedes 3. Stäbchen verdoppelt. Runde schließen.

- **6. Runde:** (falls nötig): 3 Luftmaschen für das 1. Stäbchen der Runde häkeln. Nun wird nur noch jedes 4. Stäbchen verdoppelt. Runde schließen.

Seiten

Ab den Seiten immer eine Masche auf eine Masche der Vorrunde häkeln. Das Muster kann abgeändert werden, solange es dicht genug ist, um die Finger vor Verbrennungen zu schützen.

→ zero waste unterwegs

#FEATURE
FUROSHIKI (風呂敷) — MEHR ALS EINE GESCHENKVERPACKUNG

Furoshiki bezeichnet Tücher, die in Japan als Tragetücher oder auch als hochwertige Geschenkverpackungen eingesetzt werden. Sie bestehen traditionell aus Baumwolle und Seide und sind (heute) quadratisch.

In westlichen Ländern ist Furoshiki in den letzten Jahren vor allem als wiederverwendbare Geschenkverpackung bekannt geworden. Das ist nicht ganz verkehrt, aber sie sind vor allem als Müllvermeidungs-Tool als Alternative zur Einweg-Tüte im Alltag richtig stark![24]

Ein Tuch lässt sich wirklich immer mitnehmen und es ersetzt unterwegs oft die Einkaufstasche, den Brotbeutel, Papiertüten, manchmal auch die Serviette, eine Platzdecke, ein Halstuch, und auf Reisen auch mal ein Handtuch, ein Geschirrtuch oder den Schmutzwäschebeutel. Ein absoluter Traum für Minimalist:innen!

Welche Stoffe sind geeignet?

Du kannst im Grunde jedes größere, (einigermaßen) quadratische Tuch im Alltag als Furoshiki-Tuch nutzen, das du gerade zur Hand (oder um den Hals) hast oder dir nach unserer Servietten-Anleitung (S. 66) ein Tuch in deiner Wunschgröße nähen. Gängige Größen sind 45–50 cm (Snacks, Gläser, kleine Flaschen), 70 cm (größere Flaschen, kleiner Beutel), und 90–100 cm (große Einkaufstasche). Für den intensiven Gebrauch im Alltag bieten sich Tücher aus Baumwolle an, die bei Bedarf bei 60 Grad gewaschen werden können.

Quelle aller Skizzen: Ministry of Environment, Japan: How to use "Furoshiki"

furoshiki ← 101

Die klassische Otsukai-Tsutsumi-Technik

Tesage Bukoro (手提げ袋): Der Tragebeutel

Mit nur zwei Knoten verwandelt sich dein Tuch in Windeseile in einen Stoffbeutel.

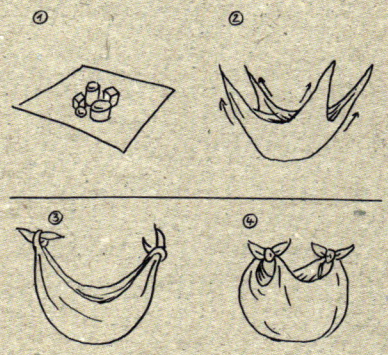

Tesage Bukoro – Der Tragebeutel

Otsukai Tsutsumi (お使い包み): Das Päckchen

Anime- und Manga-Fans haben diese Technik schon gesehen, denn so werden Bentos (Lunchboxen) eingeschlagen und mitgenommen. Es lassen sich auch spontan Snacks aller Art im Stofftaschentuch (S. 112) zu einem handlichen Mini-Päckchen einwickeln, das auch in der Tasche nicht aufgeht.

Bin Tsutsumi (瓶包み): Das Flaschenpäckchen

So kannst du Flaschen in der Tasche oder auch in der Hand bequem und geschützt transportieren. Es gibt auch Techniken für nur eine Flasche.

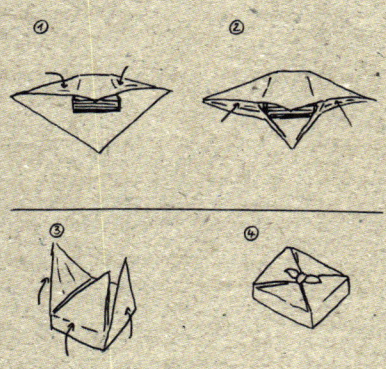

Otsukai Tsutsumi – Das Päckchen

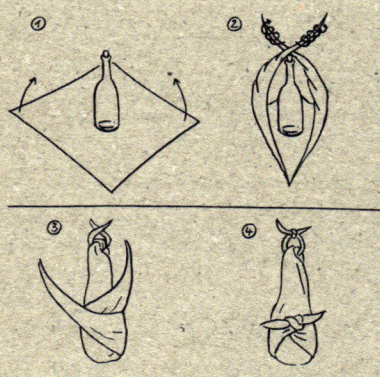

Bin Tsutsumi – Das Flaschenpäckchen

ZUM WOHL-FÜHLEN

Viele dieser Zero-Waste-Dinge sind nicht nur praktisch und nützlich, sondern zaubern auch jedes Mal ein Lächeln auf unser Gesicht. Sie heben unser Wohlbefinden, während wir uns der alltäglichen Körperpflege widmen – und fallen so für uns definitiv in die Kategorie Self Care! Von wegen nachhaltig Leben sei Verzicht! Das können wir gar nicht unterschreiben!

SEIFENSÄCKCHEN

Seifensäckchen lassen die Seife besser schäumen und sparen so Seife. Das schont die Umwelt und auch Haut und Haar.

Schwierigkeitsgrad: ☆
Zeitaufwand: ☼

Material

12–18 g Garnreste aus 100 % Baumwolle bis maximal 4,5 Stärke, je stärker, desto mehr Garn wird benötigt

Eine Häkelnadel passend zum Garn

Maschenmarkierer (es reicht auch eine Sicherheitsnadel oder eine Büroklammer)

Säckchen

- Eine gerade Anzahl Luftmaschen anschlagen, bis die Kette eine Länge von 8 bis 9 cm erreicht ist. Einen Maschenmarkierer in die letzte Masche setzen. Ab hier wird ein einfaches Netzmuster in der Runde gehäkelt.
- **1. Runde:** 3 Luftmaschen (ersetzen 1 Stäbchen) anschlagen und 1 Luftmasche dahinter häkeln. Auf die 2. Masche der Vorrunde ein Stäbchen setzen. Eine Luftmasche häkeln und wieder eine Masche der Vorrunde überspringen und in die Masche daneben ein Stäbchen setzen. Weiter jeweils 1 Luftmasche und 1 Stäbchen häkeln und wiederholen, bis wieder beim Maschenmarkierer angekommen. Dann am Ende der Vorrunde mit den Luftmaschen einfach auf der anderen Seite wieder das Muster (1 Luftmasche, 1 Stäbchen) zurück häkeln. Die Runde mit einer Kettmasche in die 3. Luftmasche vom Anfang der Runde beenden.
- **2. Runde:** 3 Luftmaschen häkeln (ersetzt 1 Stäbchen). Eine weitere Luftmasche anschlagen und ab hier immer ein Stäbchen auf das Stäbchen der Vorrunde setzen und dazwischen 1 Luftmasche häkeln.
- Die Runden wiederholen, bis das Seifentäschchen ca. 10 cm hoch ist. Nun mit einer Runde fester Maschen abschließen und mit einer Kettmasche schließen.

Band

- Eine 40 cm lange Luftmaschen-Kette häkeln, oben durch die Löcher des Netzmusters fädeln und die Enden verknoten.

DAS IST ZU BEACHTEN, WENN DU DAS MUSTER ÄNDERN WILLST

Achte darauf, dass du kein zu dichtes Muster wählst, damit das Säckchen gut trocknen kann. Besonders der Boden sollte luftig bleiben. Wenn allerdings das Muster *zu luftig* gewählt wird, hilft das Säckchen nicht mehr beim Aufschäumen.

seifensäckchen ← 105

SEIFENSÄCKCHEN SIND SUPER, UM DIE SAMMLUNG AN UNGELIEBTEN SEIFEN-ENDSTÜCKEN AUFZU-BRAUCHEN!

SCHÄUMENDE BADESÄCKCHEN

Selbst hergestellte Kräuterbäder sind nahezu kostenlos und nach dem Gebrauch komplett kompostierbar. Sie lindern leichte Beschwerden, haben eine wohltuende Wirkung auf die Haut, stimulieren unsere Sinne und fördern das Wohlbefinden.

Schwierigkeitsgrad:
Zeitaufwand:

Material
Gardinenreste
Bändchen zum Zubinden

Zuschnitt
2 rechteckige Stücke
ca. 20 × 12 cm
15 cm Bändchen oder Kordel

Die Kräuter ins einlaufende Badewasser zu geben, ist die einfachste Methode. Doch so steht nach dem erholsamen Bad erst einmal die Reinigung der Wanne und des Abflusses an. Dieser Aufwand bleibt mit dem Badesäckchen erspart.

Die Säckchen sind schnell aus Stoffresten genäht. Das Gewebe sollten sollte nicht zu dick sein, damit sich die Wirkstoffe der Pflanzen im Badewasser lösen können. Besonders geeignet sind Gardinenreste, Baumwollnetzgewebe und Tüllstoff.

- Die Stoffstücke zuschneiden.
- Einsäumen.
- Nähte schließen.

Befüllen des Badesäckchens

Rosskastanien, Efeublätter und Seifenkraut enthalten natürliche, waschaktive Substanzen. Zusammen mit heilkräftigen Kräutern bietet der Badetee alles, was man für ein reinigendes Aromabad braucht. Die Kastanien, Kräuter, Blätter und Blüten werden grob zerkleinert und für ein paar Tage getrocknet. Die einzelnen Zutaten werden in eine Schüssel gegeben und gut vermischt. Anschließend das Säckchen mit der Kräutermischung befüllen und gut zubinden.

Hier einige Beispiele:

- Salbei, Salz und Efeu klären und erfrischen entzündliche Haut.
- Melisse, Baldrian, Lavendel, Kamille, Fenchel und Seifenkraut wirken beruhigend auf die Haut und das Gemüt.
- Rosmarin, Brennnessel, Ackerschachtelhalm und Kastanien sind ideale Zutaten für ein anregendes, durchblutungsförderndes Bad.
- Ringelblume, Lavendel, Kamille, Fenchel, Anis, Spitzwegerich, Kastanien unterstützen die Heilung der Haut.
- Bei einer Erkältung hilft ein Badezusatz mit Efeu, Thymian, Pfefferminze, Huflattich, Lavendel, Kamille oder Fenchel.

> **TIPP:**
> Ob du das Säckchen eingesäumt ist oder nicht beeinträchtigt die Funktion nicht. Ganz ohne Nähen funktioniert das Badesäckchen auch. Einfach den Inhalt in ein zartes Stofftaschentuch binden.

> **TIPP:**
> Die Säckchen sind auch ein sehr schönes Geschenk. Auf einen schön gestalteten Geschenkanhänger kannst du die Inhaltsstoffe, Anwendung und gute Wünsche schreiben.

Anwendung

- Das befüllte Badesäckchen in die Badewanne legen.
- Heißes Wasser in die Wanne einlaufen lassen, den Badetee etwas ziehen lassen und dann das Badewasser gut temperiert auffüllen.
- Nach dem Bad wird der Inhalt des Säckchens im Biomüll oder Kompost entsorgt.
- Das Säckchen auswaschen und trocknen.
- Das Säckchen kann beliebig oft befüllt werden.

> DIE BADE-SÄCKCHEN KANNST DU VOR DEM GEBRAUCH ALS DUFTSÄCKCHEN IM KLEIDERSCHRANK, IN WÄSCHEKOMMODEN ODER ALS HÜBSCHE DEKORATION IM BADE- ODER SCHLAFZIMMER VERWENDEN.

PLASTIKFREIER DUSCHVORHANG

Ein plastikfreier Duschvorhang aus Leinen oder Baumwolle, geht das? Klar! Zelte, Planen, Segeltücher und Kle dung von Seeleuten werden schon seit Jahrhunderten mit Essigsaurer Tonerde imprägniert.[25] Mit dem selbem Verfahren kannst du auch deinen Duschvorhang wasserabweisend machen.

Schwierigkeitsgrad:
Zeitaufwand:

Material
Ausreichend großes Stoffstück, z. B. ein Bettlaken

Essigsaure Tonerde in Pulverform

Wasser

Der Vorhang kann mit Gardinenklammern an der Stange befestigt werden. Sehr gut eignen sich auch Bettdeckenüberzüge mit Knopfverschluss. Die Vorhangringe können dann in die bereits vorhandenen Knopflöcher eingehängt werden.

- Den Stoff auf die gewünschte Größe zuschneiden und einsäumen.
- Das Stoffstück vorher waschen, falls es noch nie gewaschen wurde. Trocknen ist nicht notwendig, denn der Stoff muss möglichst feucht in das Imprägnierbad eingelegt werden.
- Für das Imprägnierbad das Tonerdenpulver in heißem Wasser im Verhältnis von 25 g pro Liter Wasser auflösen. Die Wassermenge orientiert sich an der Größe des Stoffstücks.
- Den Stoff für eine Stunde ins Imprägnierbad legen. Immer wieder bewegen, damit sich die Imprägnierung gut verteilt.
- Nach dem Entnehmen den Stoff nur ganz sanft auswringen und zum Trocknen aufhängen.

Essigsaure Tonerde (Aluminiumdiacetat) ist in Pulverform in der Apotheke erhältlich. Sie wird nicht nur zum Imprägnieren verwendet, sondern wirkt auch entzündungshemmend, hilft bei Hautabschürfungen und kleinen Wunden, Prellungen, Verstauchungen und Blutergüssen.

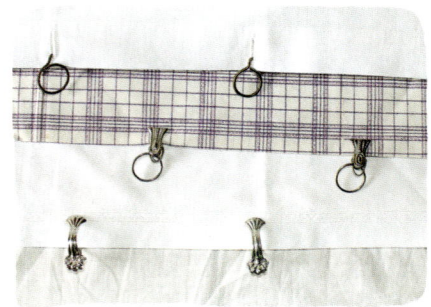

TIPP: Damit kannst du auch Outdoorkleidung, Rücksäcke oder Schuhe imprägnieren. Hierfür gibst du die Lösung in einen Pumpzerstäuber und sprühst die Textilien damit ein.

plastikfreier duschvorhang ← 109

KOSMETIK-PADS

Schwierigkeitsgrad: ✧
Zeitaufwand: ☼

Material
Fester Stoff 100 % Baumwolle, z. B. altes Handtuch, alter Baumwollpulli, am besten innen aufgeraut

Schwierigkeitsgrad: ✧
Zeitaufwand: ☼

Material
8–10 g Garnreste aus 100 % Baumwolle

Eine Häkelnadel passend zum Garn

Maschenmarkierer (alternativ eine Sicherheitsnadel oder Büroklammer)

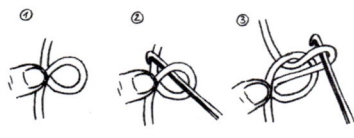

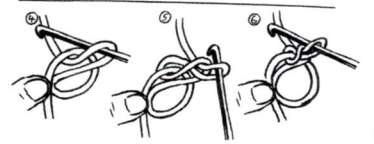

Nähen

◯ Ein rundes Glas oder einen Deckel eines Schraubverschlussglases auf den Stoff legen und mit der Schneiderkreide einen Kreis damit nachzeichnen. Mit der Stoffschere ausschneiden.
◯ Rundum mit einem Zickzack-Stich versäubern. Fertig!

Häkeln

Je nach Garnstärke variiert die Größe eures Kosmetik-Pads, was aber gar nicht schlimm ist. Eine gute Größe sind 7 bis 9 cm Durchmesser.

◯ **1. Runde**: Fadenring machen. Dazu mit dem Arbeitsfaden eine Schlinge legen. Dabei liegt der Arbeitsfaden oben und das abgeschnittene Fadenende unten. Mit den Fingern die Stelle, an der die Fäden sich kreuzen gut festhalten. Mit der Häkelnadel durch die Schlinge stechen und den Arbeitsfaden von hinten nach vorne durchziehen. Dabei entsteht eine Schlaufe auf der Häkelnadel. Den Arbeitsfaden durch die Schlaufe auf der Nadel ziehen und vorsichtig an den Fäden der Schlinge festziehen. Das ist nun die Anfangsmasche.

◯ **2. Runde:** 3 Luftmaschen (ersetzen 1 Stäbchen) anschlagen und 13 Stäbchen in den Fadenring häkeln. Am Fadenende ziehen, bis sich der Ring schließt und dann die Runde mit einer Kettmasche schließen.

◯ **3. Runde:** 3 Luftmaschen häkeln. Stäbchenanzahl auf 26 Stäbchen verdoppeln, indem in jedes Stäbchen der Vorreihe 2 Stäbchen gehäkelt werden. Runde mit einer Kettmasche schließen.

◯ **4. Runde (optional):** 3 Luftmaschen häkeln. Nun wird nur noch jedes 2. Stäbchen verdoppelt. Runde mit einer Kettmasche schließen.

◯ **5. Runde (Abschlussrunde):** 1 Luftmaschen für die 1. feste Masche der Runde häkeln. Nun eine Runde feste Maschen häkeln und dabei jedes 2. Stäbchen der Vorreihe verdoppeln. Runde mit Kettenmasche schließen.

Schlaufe (optional)

Die Schlaufe ist praktisch, um das Pad nach der Anwendung aufzuhängen. Die Schlaufe wird in Reihen mit festen Maschen gearbeitet.

- **1. Reihe:** Für die 1. Reihe stechen wir in die *hintere Schlaufe* (siehe Bild), häkeln 1 Luftmasche und 4 feste Maschen. Arbeit wenden.
- **2. Reihe:** 1 Luftmasche und 4 feste Maschen. Arbeit wenden.
- Wiederholen, bis das Band so breit ist wie der Kreis. Ca. 20 cm Faden lassen.
- Das Bändchen mit der linken Seite auf die linke Seite des Kreises legen. Mit dem Faden wird das Bändchen mit dem Kreis zusammengenäht. Dazu die Nadel durch die Masche des Bandes und den *hinteren* Faden der Masche des Kreises fädeln und den Faden durchziehen. Mit den anderen Maschen wiederholen, bis das Bändchen und der Kreis komplett verbunden sind. Den Faden vernähen und umstülpen.

Anwendungsbeispiel: Abschminken

Der regionalste Make-up-Entferner ist Bio-Rapsöl. Dazu Öl auf das Kosmetik-Pad geben und Make-up sanft entfernen. Das Pad direkt im Anschluss mit Wasser und Seife auswaschen und zum Trocknen aufhängen. Am nächsten Tag ist es wieder einsatzbereit.

Es kann nach einiger Zeit sein, dass die Pads nicht mehr so ansehnlich sind, weil wasserfeste Schminke oft nicht komplett auswaschbar ist. Das ist aber nicht schlimm und beeinträchtigt die Funktion nicht.

*Die Nadel durch die Masche des Bandes und den **hinteren Faden** der Masche des Kreises fädeln und den Faden durchziehen.*

> **TIPP:** Du kannst das Muster ändern, aber vermeide dabei dicke Maschen wie Puff- bzw. Büschelmaschen. Denn sie führen nur dazu, dass das Pad schlechter trocknet, und darunter leidet die Hygiene.

STOFFTASCHENTÜCHER

Stofftaschentücher sind eine Wohltat – besonders für beanspruchte Nasen! Sie sind weich und reißfest und lösen sich natürlich auch nicht in der Waschmaschine auf.

Schwierigkeitsgrad: ✩
Zeitaufwand: ☼

Material
Dünner, weicher Stoff aus 100 % Baumwolle, z. B. alte T-Shirts, Musselin-Stoffe, Hemden

Zuschnitt
Quadrate zwischen 23 und 30 cm Breite (Kindertaschentücher sind traditionell meistens 23–24 cm und Damentaschentücher 25–28 cm breit), Nahtzugabe 1 cm

- An zwei gegenüberliegenden Kanten die Nahtzugaben nach links umbügeln, mit Stecknadeln fixieren und knappkantig mit einem Zickzack-Stich absteppen.
- Jetzt die zwei anderen Kanten die Nahtzugabe jeweils nach links umbügeln, mit Stecknadeln fixieren und knappkantig mit einem Zickzack-Stich absteppen.

HYGIENE-HINWEIS

Generell reicht es vollkommen aus, die Stofftaschentücher mit der normalen Wäsche zu waschen. Nur bei einem akuten Infekt musst du sie bei 60 Grad waschen oder alternativ einfach nach dem Waschen bügeln.

STOFFTASCHENTÜCHER MITNEHMEN

Am besten lassen sich saubere Taschentücher in einem getrennten Fach in der Tasche oder einem kleinen Stoffbeutel (S. 76) mitnehmen. Vergiss nicht einen zweiten Stoffbeutel für die benutzten Taschentücher. Zuhause kannst du sie einfach in die Wäsche geben.

stofftaschentücher 113

STOFFBINDEN

Konventionelle Tampons und Binden enthalten Plastik und verursachen riesige Müllmengen. Diese waschbaren Stoffbinden sparen nicht nur eine Menge Rohstoffe, sondern sind auch hautfreundlicher.

Schwierigkeitsgrad: ✿ ✿
Zeitaufwand: ☼ ☼

Material
Baumwoll-Stoffreste, ungefähr 22 cm × 32 cm
1 altes Handtuch
Druckköpfe

Zuschneiden
- Schnittmuster fertigen oder downloaden unter www.ulmer.de/zero-waste-upcycling.
- Baumwollstoff und Handtuch grob zuschneiden.
- Mit Hilfe des Schnittmusters beide Stoffe zuschneiden.
- Die Einlage aus dem Handtuch zwei oder drei Mal ausschneiden.

Nähen
- Die Einlagen auf das Baumwollstück legen und mit Stecknadeln fixieren.
- Mit einem breiten Zickzack-Stich am Rand einsäumen und gleichzeitig festnähen.
- Eine weitere Runde knapp neben der Befestigungsnaht nähen.
- Dann den Frotteestoff und den Baumwollstoff auf rechts zusammenlegen.
- An der Naht entlang nähen und dabei die Wendeöffnung offenlassen.
- Anschließend die Slipeinlage wenden und bügeln. Die Nahtzugabe für die Wendeöffnung nach innen legen. Mit Stecknadeln die Wendeöffnung aufeinander stecken.
- Rundherum die Einlage knappkantig absteppen und dabei die Wendeöffnung schließen.

Reinigung
Die Binde direkt nach dem Gebrauch mit kaltem Wasser und Seife auswaschen, denn hohe Temperaturen lassen das Blut gerinnen. Danach mit der Unterwäsche in der Waschmaschine waschen. Hilfreich ist ein Wäschenetz, das nach der Anleitung für die Gemüsenetze (S. 78) unkompliziert genäht werden kann.

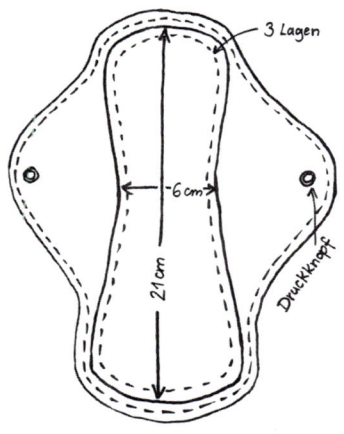

Die Skizze kannst du dir auch als 1 zu 1-Schnittmuster auf www.ulmer.de/zero-waste-upcycling herunterladen und ausdrucken.

WÄRMEHÖSCHEN

Wärmekissen sind bewährte Hausmittel gegen Menstruationsbeschwerden und Unterleibsschmerzen. Als trockene Wärmespender geben sie diese gut dosiert ab und passen sie sich der Körperform an.

Schwierigkeitsgrad: ✩
Zeitaufwand: ☼

Material
Eine geräumige Lieblingsunterhose aus Baumwolle

Brusttasche von einem alten Herrenhemd oder ein Stoffrest ungefähr 14 × 14 cm

2 Stoffreste aus leichter Baumwolle jeweils ungefähr 14 × 14 cm

200 g Leinsamen

Wärmekissen helfen auch gegen Rückenschmerzen! Dafür zwei Taschen hinten in das Höschen einnähen und dort jeweils ein Wärmekissen einschieben.

- Lieblingsunterhose auf links drehen.
- Brusttasche mit Stecknadeln fixieren. Alternativ den Stoffrest einsäumen und fixieren,
- Innen in die Unterhose nähen und dabei oben offenlassen.
- Aus dem Baumwollstoff zwei rechteckige Stücke ausschneiden, die der Größe der Brusttasche entsprechen.
- Die beiden Stoffe einsäumen, auf rechts legen und drei Seiten zunähen.
- Die Arbeit wenden und mit Leinsamen füllen.
- Die offene Naht einschlagen, mit Stecknadeln fixieren und zunähen.

Der Inhalt des Wärmekissens kann nach einigen Monaten kompostiert und das Wärmekissen dann neu befüllt werden.

Anwendung

- Das Innenkissen zum Erwärmen auf die Heizung oder mit einem Schüsselchen Wasser für eine halbe bis eine Minute bei 600 Watt in die Mikrowelle legen und danach vorsichtig kneten, damit die Wärme sich gleichmäßig verteilt. Die im Leinsamen enthaltenen Fette nehmen die Wärme gut auf und speichern sie lange.
- Nach einer Temperaturprobe ins Höschen schlüpfen und Wärmekissen in die Innentasche schieben.
- Unterwegs bietet es über einen längeren Zeitraum wohlige Wärme direkt am Unterleib.

TIPP: DUFTENDES WÄRMEKISSEN

Ein paar Fenchel- oder Anissamen mit ins Kissen füllen, dann vermischt sich der nussige Duft des warmen Leinsamens mit dem süß-würzigen Aroma der entspannenden Kräuter.

wärmehöschen ← 117

KOPFKISSEN NATÜRLICH UND VEGAN GEFÜLLT

Kissenfüllungen aus Spelzen, Körnern und Hirseschalen sind vegane und kunststofffreie Alternativen zu Federkissen. Ergänzt mit Bettstrohkräutern wie Labkraut, Lavendel oder Waldmeister sorgen die Kissen für einen erholsamen, gesunden Schlaf.

Schwierigkeitsgrad: ✩
Zeitaufwand: ☼

Material
2 Rechtecke ca. 50 × 40 cm aus alter Bett- oder Tischwäsche aus Baumwolle oder Leinen

600–800 g Dinkelspelzen oder Hirseschalen

20 g getrocknete Lavendelblüten, Labkraut oder Waldmeister

- Die Blüten vom getrockneten Lavendel streifen bzw. Labkraut oder Waldmeister trocknen lassen und die harten Stiele auslesen.
- Die beiden zugeschnittenen Rechtecke einsäumen.
- Auf rechts legen und drei Seiten ganz zunähen.
- Die Arbeit wenden.
- An der vierten Seite eine Öffnung lassen.
- Mit Dinkelspelz oder Hirseschalen sowie den getrockneten Kräutern befüllen.
- Die Öffnung schließen.
- Das Innenkissen muss stets fest und gut vernäht sein, damit der Inhalt nicht austreten kann.
- Das Innenkissen mit einem Überzug versehen.

> Die Füllungen sind nicht waschbar und sollten nach einigen Monaten ausgetauscht werden. Der Inhalt kann im Biomüll oder dem eigenen Kompost entsorgt und das Innenkissen neu befüllt werden.

#MACHSNACH-HALTIG-INFOS

Wir hoffen, das Buch hat dich inspiriert und motiviert mitzumachen und auch andere zu begeistern. Auf den folgenden Seiten findest du unsere Buchtipps, Linkempfehlungen und natürlich die Quellen, die wir verwendet haben. Über das Register gelangst du blitzschnell zu dem, was du suchst.

Im Netz

Zum Weiterlesen

**www.ardmediathek.de/serie/shia-su-for-future/
staffel-1/Y3JpZDovL3dkci5kZS9zaGlhc3U/1**
Autorin Shia Sus WDR Reportagereihe Shia Su for Future
in der ARD-Mediathek.

www.reuse-revolution-map.greenpeace.de/
Die Karte für unverpacktes Einkaufen, nachhaltige
Textilien und Alternativen zum Neukaufen & Wegwerfen
von Greenpeace.

www.siedekessel.de
Homepage der Autorin Inés Hermann mit Infos zu
aktuellen Kursen und Vorträgen sowie Wissenswertem
zum Thema Seifensieden.
Selbstgemachte Naturkosmetik, allerlei Rezepte und
DIY-Anleitungen gibt es auch auf ihrem Blog:
https://siedekessel.blogspot.com/

**www.verbraucherzentrale.nrw/werkzeuge/loslegen/
kleidertausch**
Tipps der Verbraucherzentrale NRW zum Organisieren
einer Kleidertauschparty.

www.wastelandrebel.de
Blog der Autorin Shia Su rund um Zero Waste und
Klimaschutz mit vielen Hintergründen, Tipps und DIY-
Rezepten.

**https://savvytokyo.com/furoshiki-a-reintroduction-
into-our-eco-friendly-generation/**
Historische Hintergründe und moderne Infos zu
Furoshiki.

**https://www.env.go.jp/en/focus/attach/060403-5.
html**
Ministry of Environment, Japan: How to use "Furoshiki"

Hermann, Inés: Grüner Putzen – natürliche
  Reinigungsmittel selbstgemacht. Freya-Verlag 2017
Hermann, Inés: Grüne Seifen – weiche Naturseifen
  selbstgemacht. Freya-Verlag 2021
Hermann, Inés: Baby- & Kinderpflege – natürlich selbst
  gemacht. Freya-Verlag 2016
Hermann, Inés: Kastanien für Körperpflege, Waschmittel,
  Haushaltsreiniger. Freya-Verlag 2020
Hermann, Inés: Hausgemachte Naturkosmetik.
  Waldfaun-Verlag 2016
Hermann, Inés: Naturseifen einfach selbst gemacht.
  Waldfaun-Verlag 2020
Hermann, Inés: Putzen mit selbstgemachter Naturseife.
  Waldfaun-Verlag 2018
Su, Shia: Zero Waste – Weniger Müll ist das neue Grün,
  Freya-Verlag 2019
Schmidt, Anke: Schlauer putzen. Verlag Eugen Ulmer
  2022
Witt, Olga: Ein Leben ohne Müll: Mein Weg zu Zero
  Waste. Tectum Wissenschaftsverlag 2019
Unverpackt e.V. – Verband der Unverpackt-Läden
  (Hrsg.): Easy UNVERPACKT
Das Handbuch für den Einkauf im Unverpackt-Laden,
  oekom Verlag 2022

> Du findest die Skizze auf S. 114 auch auf
> der Ulmer-Homepage:
> www.ulmer.de/zero-waste-upcycling.
> Über den QR-Code kannst du sie dir
> auch auf dein Smartphone laden.
> Ob dort oder ausgedruckt: griffbereit
> ist immer gut.

Über die Autorinnen

Dass das spätere Weltkulturerbe Grube Messel im Rhein-Main-Gebiet eine Mülldeponie werden sollte, trieb **Inés Hermann** schon in den 80er-Jahren auf die Straße und zur Müllvermeidung. Seitdem ist die fünffache Mutter konsumresistente Secondhand-Käuferin, Plastikablehnerin, passionierte Selbermacherin, Autorin, Dozentin und Wiederverwerterin, die sich mehr Zeit und eine TARDIS wünscht.

2014 fiel **Shia Su** die Decke einmal richtig mächtig auf den Kopf und sie beschloss, ihre Werte endlich auch zu leben. Sie kündigte ihren konsumankurbelnden Job, stieg auf vegan um, strich Neukäufe von ihrer Einkaufsliste und verbannte Müll aus ihrem Leben. Ihre erprobten Nachhaltigkeits-Tipps und DIYs teilt sie auf ihrem Blog Wasteland Rebel, im Radio und TV.

Endnoten

1. Bundesinstitut für Risikobewertung: Gesundheitliche Bewertung von Textilien und Leder, https://www.bfr.bund.de/de/gesundheitliche_bewertung_von_textilien_und_leder-228.html (abgerufen 16.12.2022).
2. Kopp M., Cobbing M., Wohlgemuth, V. (2021): Freiwillige Selbstverpflichtung – Ein Mode-Märchen über grüne Fast Fashion. Greenpeace, Hamburg.
3. EU Parlament: The impact of textile production and waste on the environment, https://www.europarl.europa.eu/news/en/headlines/society/20201208STO93327/the-impact-of-textile-production-and-waste-on-the-environment-infographic (abgerufen 16.12.2022).
4. CBI Ministry of Foreign Affairs, NL: The European market potential for recycled fashion, https://www.cbi.eu/market-information/apparel/recycled-fashion/market-potential (abgerufen 14.12.2022).
5. Cobbing, M., Daaji S., Kopp M., Wohlgemuth V. (2022): Vergiftete Geschenke – Von der Spende zur Müllhalde: Wie Textilmüll als Secondhand-Kleidung getarnt nach Ostafrika exportiert wird. Greenpeace, Hamburg. https://www.greenpeace.de/publikationen/report-vergiftete-geschenke
6. BOF/McKinsey (2021), State of Fashion 2021, 65, https://www.mckinsey.com/~/media/mckinsey/industries/retail/our%20insights/state%20of%20fashion/2021/the-state-of-fashion-2021-vf.pdf
7. Clean Up Kenya (2023): Clean Up Kenya Requests for Statements on the illegal exportation of waste plastic clothing to Kenya, https://cleanupkenya.org/clean-up-kenya-requests-for-statements-on-the-illegal-exportation-of-waste-plastic-clothing-to-kenya/
8. Greenpeace (2015): Wegwerfware Kleidung, https://www.greenpeace.de/sites/www.greenpeace.de/files/publications/20151123_greenpeace_modekonsum_flyer.pdf
9. Changing Markets (2017): Dirty Fashion. How pollution in the global textile supply chain is making viscose toxic. Changing Markets Foundation, Utrecht, Netherlands.
10. Ökotest: Mikroplastik in Mineralwasser: Teile aus Plastikflaschen landen im Getränk, https://www.oekotest.de/essen-trinken/-Mikroplastik-in-Mineralwasser-Teile-aus-Plastikflaschen-landen-im-Getraenk-_11269_1.html (abgerufen 15.12.2022).
11. Codecheck: So vermeidest Du Mikroplastik in Deinem Bier, https://www.codecheck.info/news/So-vermeidest-Du-Mikroplastik-in-Deinem-Bier-389372 (abgerufen 15.12.2022).
12. Ragusa A., Notarstefano V., Svelato A., Belloni A., Gioacchini G., Blondeel C., Zucchelli E., De Luca C., D'Avino S., Gulotta A., Carnevali O., Giorgini E. (2020). Raman Microspectroscopy Detection and Characterisation of Microplastics in Human Breastmilk. Polymers (Basel). 2022 Jun 30;14(13):2700.
13. Umweltbundesamt: Verrottet Plastik gar nicht oder nur sehr langsam? https://www.umweltbundesamt.de/service/uba-fragen/verrottet-plastik-gar-nicht-nur-sehr-langsam (abgerufen 15.12.2022).
14. Bertling, J. / Bertling, R. / Hamann, L. (2017): Kunststoffe in der Umwelt. Mikro- und Makroplastik, Ursachen, Mengen, Umweltschicksale, Wirkungen, Lösungsansätze, Empfehlungen. Fraunhofer-Institut für Umwelt-, Sicherheits- und Energietechnik UMSICHT, Oberhausen.

15 Greenpeace: What are microfibers and why are our clothes polluting the oceans?, https://www.greenpeace.org/international/story/6956/what-are-microfibers-and-why-are-our-clothes-polluting-the-oceans/ (abgerufen 15.12.2022).

16 Umweltbundesamt: Was ist Mikroplastik? https://www.umweltbundesamt.de/service/uba-fragen/was-ist-mikroplastik (abgerufen 15.12.2022).

17 WWF: Tipps zur Vermeidung von Mikroplastik, https://www.wwf.de/aktiv-werden/tipps-fuer-den-alltag/tipps-zur-plastikvermeidung/tipps-zur-vermeidung-von-mikroplastik (abgerufen 15.12.2022).

18 Napper I., Thompson R. (2016). Release of synthetic microplastic plastic fibres from domestic washing machines: Effects of fabric type and washing conditions. Mar Pollut Bull. 2016 Nov 15;112(1–2):39–45.

19 NABU: Unverpackt einkaufen, https://www.nabu.de/umwelt-und-ressourcen/ressourcenschonung/einzelhandel-und-umwelt/nachhaltigkeit/19107.html (abgerufen 25.12.2022).

20 Verbraucherzentrale NRW: Eigene Verpackungen im Supermarkt, https://www.verbraucherzentrale.nrw/wissen/lebensmittel/auswaehlen-zubereiten-aufbewahren/eigene-verpackungen-im-supermarkt-33065 (abgerufen 25.12.2022).

21 Bundesministerium für Ernährung und Landwirtschaft: Anforderungen an die Lebensmittelhygiene in Primärerzeugung, Produktion, Verarbeitung und Vertrieb, https://www.bmel.de/DE/themen/verbraucherschutz/lebensmittel-hygiene/lebensmittelhygiene-im-handel.html#doc18822bodyText9 (abgerufen 25.12.2022).

22 Bundesregierung: Fragen und Antworten zum Verpackungsgesetz – Mehrweg fürs Essen zum Mitnehmen, https://www.bundesregierung.de/breg-de/themen/klimaschutz/mehrweg-fuers-essen-to-go-1840830 (abgerufen 25.12.2022).

23 Lebensmittelverband Deutschland: Hygiene beim Umgang mit Mehrweg-Bechern, -Behältnissen und -Geschirr: Hinweise für Servicekräfte, https://www.lebensmittelverband.de/de/lebensmittel/sicherheit/hygiene/hygiene-beim-umgang-mit-mehrweg-bechern-behaeltnissen-pool-geschirr (abgerufen 26.12.2022).

24 Ministry of the Environment (Japan): Minister attends furoshiki exhibition: https://www.env.go.jp/press/6986.html (abgerufen 27.12.2022).

25 Scherf, W. (1979): Neue Fährte. Südmarkverlag Fritsch KG, Heidenheim, 73.

26 NABU: Nachhaltigkeit im Supermarkt, https://www.nabu.de/umwelt-und-ressourcen/ressourcenschonung/einzelhandel-und-umwelt/nachhaltigkeit/21716.html (abgerufen 25.12.2022).

27 Shahmohammadi, S. / Steinmann, Z. J. N. / Tambjerg, L. / van Loon, P. / King, J. M. H. / Huijbregts, M. A. J.: Comparative Greenhouse Gas Footprinting of Online versus Traditional Shopping for Fast-Moving Consumer Goods: A Stochastic Approach. Environmental Science & Technology 2020 54 (6), 3499-3509.

Register

A
Altkleider 10
Ärmel 80

B
Badesäckchen 106
Baumwolle 15, 16, 18
Baumwollgarn, Baumwollgarnreste 30, 31, 34, 36, 38, 99, 104, 110
Baumwollstoff 15, 42, 50, 60, 62, 64, 66, 76, 82, 96, 110, 112, 114, 116, 118
Baumwolltüll 78
Besen aus Birkenreisig 40
Bestecktasche 66, 94, 96
Beutel für Trockenwaren 76
Bienenwachs 50
Birkenreisig 40
Blusen 15
Bodenwischtuch 42, 44
Brotbeutel 82

C
Carnaubawachs 50
CO2. *Siehe Kohlenstoffdioxid*

D
Damenbinden 114
Duschvorhang, plastikfrei 108

E
Einkaufen, verpackungsfrei 70, 72, 74

F
Fasern, synthetische 21
Fast Fashion 10, 14
Fichtenharz 50
Flaschenbürste, gehäkelte 36
Frischhaltefolie, Alternativen 50, 52
Frischhalten, Lebensmittel 52
Furoshiki 100

G
Gardinen, Gardinenreste 19, 78, 106
Garen ohne Energie 58
Garn aus Bettwäsche 23
Garn aus Säcken 23
Garn aus T-Shirts 22
Gefäße, mitgebrachte 74
Gehäkelt
    Bodenwischtuch 44
    Flaschenbürste 36
    Kaffeeglas-Überzug 98
    Kosmetik-Pads 110
    Putztuch 30
    Seifensäckchen 104
    Spülschwamm 34
    Staubwischhandschuh 38
Gemüsebeutel 78
Genäht
    Badesäckchen, schäumend 106
    Bestecktasche und Platzdeckchen 96
    Beutel für Trockenwaren 76
    Bodenwischtuch 42
    Brotbeutel 82
    Duschvorhang, plastikfrei 108
    Gemüsebeutel 78
    Gläsertasche 84
    Isolier-Einkaufstasche 88
    Joghurtbereiter 56
    Kaffeefilter 60
    Kastanien-Waschsäckchen 46
    Kochsack 58
    Kopfkissen 118
    Kosmetik-Pads 110
    Lunchbeutel, plastikfreie 92
    Pflanzenmilchbeutel 54
    Putzlappen 32
    Spaghetti-Beutel 80
    Stoffbinden 114
    Stoffservietten 66
    Stofftaschentücher 112
    Topflappen 62
    Topfuntersetzer, duftende 64
    Wärmehöschen 116
Gestrickt
    Spüllappen 31
Getreidesack, Getreidesäcke 16, 96
Gläsertasche 84
Großeinkäufe, Großeinkauf planen 71, 73

H
Häkeldeckchen 19
Handschuhe 16
Handtuch, Handtücher 19, 32, 50
Hemden 15
Hirseschalen 118
Holz 19
Hosenbein 82
Hygiene 74

I
Isolier-Einkaufstasche 88

J
Jeans, Jeansstoffe 14, 56, 62, 82, 84
Joghurtbereiter 56
Jute 16, 27, 30

K
Kaffeefilter aus Baumwolle 60
Kaffeeglas-Überzug 98
Kastanien 46
Kastanien-Waschsäckchen 46
Kerne 19
Kissenfüllungen 118
Kochkiste, Kochsack 58
Kopfkissen 118
Körner 19, 118
Kosmetik-Pads 110
Kräuter 46, 64, 106
Kunstfasern 20

L
Leinen 15, 16, 50, 62, 64, 66, 118
Leinsamen 116
Lunchbeutel, plastikfreie 92

M
Mandelmilch 55
Mikroplastik 7, 20
Mischgewebe 15
Mull 54
Müllvermeiden 6, 94

N
Nesselstoff 54
Notfallbox 95

P
Pflanzenmilch 56
Pflanzenmilchbeutel 54
Platzdeckchen 96
Putzlappen, Putztuch 30, 32

R
Reis aus der Kochkiste 59
Reisig 19

S
Säcke 16
Sammeln in der Natur 27
Seifensäckchen 104
Spaghetti-Beutel 80
Spelzen 19, 118
Spüllappen, gestrickter 31
Spülschwamm 34
Staubwischhandschuh 38
Stoffbinden 114
Stoffservietten 66
Stofftaschentücher 112
Strickwaren 23

T
Taschen, aufgenähte 14
Tiefkühltragetasche 88
Tischwäsche 18
Tonerde, essigsaure 108
Topflappen aus alten Jeans 62
Topfuntersetzer, duftende 64
T-Shirt-Garn 15, 44
Tüll 54

U
Unterhose 116
Unterwegs 94
Unverpackt einkaufen 70, 72

V
Verpackungsfrei einkaufen 70, 72
Viskose 15, 16

W
Wachstücher statt Plastikfolie 50
Wärmehöschen 116
Wärmekissen 116
Waschsäckchen 46
Wocheneinkauf planen 72

Z
Zero-Waste-Ausrüstung 95
Zero Waste einkaufen 70
Zero Waste unterwegs 94
Zitrusfruchtschalen 64
„Zu verschenken"-Boxen 26

Bildnachweis

Die Fotos auf den Seiten 14, 15, 17, 18, 22-23, 24, 25, 27, 28-29, 30, 31, 33, 35, 36, 37, 39, 41, 45, 47, 48-49, 51, 55, 57, 59, 62, 63, 65, 73, 79, 83, 88, 89, 90-91, 93, 94, 95, 97, 102-103, 107, 108, 109, 115, 117, 119 sowie den inneren Klappen und alle Zeichnungen stammen von Dr. Marc Hermann, das Coverfoto und die Fotos auf den Seiten 3, 4–5, 7, 8, 12–13, 21, 26, 43, 52, 61, 67, 68–69, 70, 75, 77, 81, 85, 99, 101, 105, 111, 113, 120–121, 124 von Shia Su.
Die Icons stammen von ONYXprj/Shutterstock.com (S. 49), Fourdoty/Shutterstock.com (S. 69) und CosmoVector/Shutterstock.com (S. 29). Die restlichen Icons stammen von In-Finity/Shutterstock.com.
IMAGO / ZMA Wire / James Wakibia: S. 11
Autorinnenporträts: privat

Impressum

Die in diesem Buch enthaltenen Empfehlungen und Angaben sind von den Autorinnen mit größter Sorgfalt zusammengestellt und geprüft worden. Eine Garantie für die Richtigkeit der Angaben kann aber nicht gegeben werden. Autorinnen und Verlag übernehmen keine Haftung für Schäden und Unfälle. Bitte setzen Sie bei der Anwendung der in diesem Buch enthaltenen Empfehlungen Ihr persönliches Urteilsvermögen ein.
Der Verlag Eugen Ulmer ist nicht verantwortlich für die Inhalte der im Buch genannten Websites.

Anmerkung zur Schreibweise (Gendering): Gendergerechtigkeit und Inklusion sind bei uns gelebte Praxis – bei der Auswahl unserer Themen, bei der Recherchearbeit, in der Gestaltung. Unsere Texte meinen alle.

Bibliografische Information der Deutschen Nationalbibliothek
Die Deutsche Nationalbibliothek verzeichnet diese Publikation in der Deutschen Nationalbibliografie; detaillierte bibliografische Daten sind im Internet über http://dnb.d-nb.de abrufbar.

Das Werk einschließlich aller seiner Teile ist urheberrechtlich geschützt. Jede Verwertung außerhalb der engen Grenzen des Urheberrechtsgesetzes ist ohne Zustimmung des Verlages unzulässig und strafbar. Das gilt insbesondere für Vervielfältigungen, Übersetzungen, Mikroverfilmungen und die Einspeicherung und Verarbeitung in elektronischen Systemen.

© 2023 Eugen Ulmer KG
Wollgrasweg 41, 70599 Stuttgart (Hohenheim)
E-Mail: info@ulmer.de
Internet: www.ulmer.de
Konzept und Projektleitung: Jennifer Zajonz
Lektorat: Claudia Boss-Teichmann
Herstellung: Stephanie Haun
Reihen- und Umschlaggestaltung: Michaela Mayländer, Stuttgart, www.sistermic.de
Satz: Katja von Ruville, Frankfurt a. M.
Reproduktion: time:ray, Jettingen
Druck und Bindung: Pustet, Regensburg
Printed in Germany

ISBN 978-3-8186-2051-6